城市轨道交通通信设备常见故障一点通

杭州地铁运营有限公司◎编著

中国铁道出版社有限公司

2025年·北 京

内 容 简 介

本书包括城市轨道交通通信专业 11 个子系统常见故障案例和故障处理方法。全书共收集案例 200 例，涉及终端、线路、软件、板卡等故障类型，按照故障现象、故障分析、故障处理、注意事项编写，具有较强的针对性和实用性。

本书可作为城市轨道交通通信工培训和学习教材，也可作为通信工程技术人员参考书。

图书在版编目(CIP)数据

城市轨道交通通信设备常见故障一点通 / 杭州地铁运营有限公司编著. -- 北京 ：中国铁道出版社有限公司，2025. 4. -- ISBN 978-7-113-32198-7

Ⅰ. U239.5

中国国家版本馆 CIP 数据核字第 2025X7M901 号

书　　名：城市轨道交通通信设备常见故障一点通
作　　者：杭州地铁运营有限公司

策　　划：朱敏洁
责任编辑：朱敏洁　　**编辑部电话：**(010)51873134　　**电子邮箱：**zhuminjie1105@163.com
封面设计：高博越
责任校对：安海燕
责任印制：赵星辰

出版发行：中国铁道出版社有限公司(100054，北京市西城区右安门西街 8 号)
网　　址：https://www.tdpress.com
印　　刷：天津嘉恒印务有限公司
版　　次：2025 年 4 月第 1 版　2025 年 4 月第 1 次印刷
开　　本：880 mm×1 230 mm 1/32　**印张：**4.125　**字数：**104 千
书　　号：ISBN 978-7-113-32198-7
定　　价：40.00 元

编 委 会

主　　编： 张柯军　许　晶　蔡毅琳

副 主 编： 李　剑　孙　毅　倪建剑　刘东文　周子剑

参编人员： 任　波　刘乐忠　张理想　苟全全　张临嘉
徐寅翔　姚登峰　王佳达　何琳涛　黄明道
王城科　傅泽锋　张岭超　裴小平　孟　磊
余多礼　胡哲创　熊　远　汪　兴　周康健
严祖航　黄　斐　章　楠　马孟臣　许红珍
孙天罡　张　楠

主编单位： 杭州地铁运营有限公司

参编单位： 杭州市地铁集团有限责任公司
中兴系统技术有限公司
中铁四局集团电气化工程有限公司
杭州地铁建设管理有限公司
杭州市公安局地铁公安分局

前　言

在城市轨道交通的运营体系中，安全始终占据着最为核心且永恒的地位，通信设备故障是影响城市轨道交通运营安全的重要因素，具有多样性、随机性、复杂性的特点。为了紧密贴合职工教育培训工作不断发展变化的实际需求，全方位、大幅度地提升城市轨道交通通信维修人员在故障处理方面的专业技术水平，强化其应急处理的综合能力，最大限度地削减故障所带来的负面影响，进而为运营安全筑牢坚实的屏障，杭州地铁运营有限公司联合建设、施工、制造等相关单位，结合通信系统近年来发生的常见故障和广大职工总结的宝贵经验，组织编写了《城市轨道交通通信设备常见故障一点通》。

本书采用案例的形式，内容全面，涵盖了传输子系统、时钟子系统、电源子系统、集中告警管理子系统、集中录音子系统、有线调度通信子系统、无线调度通信子系统、乘客信息子系统、广播子系统、视频监控子系统、公务电话子系统设备。故障案例源于现场实践，按照故障现象、故障分析、故障处理、注意事项编写。根据故障现象进行故障分析，再判断发生故障的可能性，尽量缩小故障范围;阐述了故障处理的方法、步骤以及故障处理的注意事项。

本书共收集200个故障案例,案例中涉及的产品是基于学术研究的需要,只是其使用过程中的阶段性现象,无不良引导。

第一部分为传输子系统设备故障处理案例,包括线路类故障6例、板卡类故障9例、软件类故障1例、其他类故障1例。

第二部分为时钟子系统设备故障处理案例,包括终端类故障3例、线路类故障2例、板卡类故障1例、软件类故障2例、其他类故障1例。

第三部分为电源子系统设备故障处理案例,包括终端类故障4例、线路类故障2例、板卡类故障10例、其他类故障1例。

第四部分为集中告警管理子系统设备故障处理案例,包括终端类故障3例、线路类故障2例、软件类故障1例。

第五部分为集中录音子系统设备故障处理案例,包括终端类故障2例、线路类故障2例、板卡类故障2例、软件类故障2例。

第六部分为有线调度通信子系统设备故障处理案例,包括终端类故障3例、线路类故障7例、板卡类故障2例、软件类故障6例、其他类故障2例。

第七部分为无线调度通信子系统设备故障处理案例,包括终端类故障7例、线路类故障5例、板卡类故障5例、软件类故障8例。

第八部分为乘客信息子系统设备故障处理案例，包括终端类故障7例、线路类故障4例、板卡类故障7例、软件类故障6例、其他类故障2例。

第九部分为广播子系统设备故障处理案例，包括终端类故障2例、线路类故障3例、板卡类故障12例、软件类故障4例、其他类故障3例。

第十部分为视频监控子系统设备故障处理案例，包括终端类故障7例、线路类故障6例、板卡类故障4例、软件类故障9例、其他类故障1例。

第十一部分为公务电话子系统设备故障处理案例，包括终端类故障3例、线路类故障9例、板卡类故障7例、软件类故障2例。

本书紧密贴合现场设备实际，内容全面，逻辑清晰，对于职工快速提升故障处置能力有很大的帮助，具有较强的指导性和实用性。

由于编者水平有限，书中难免有遗漏和不当之处，敬请读者批评指正。

编著者

2025年3月

目录

第一部分　传输子系统

一、线路类故障(6 例)

案例 1:光模块或尾纤故障

故障现象:网管软件告警界面显示端口告警,现场板卡指示灯异常。

故障分析:现场使用光功率计分段测量光路,发现传输板卡侧尾纤光功率小于正常数值,判断光模块或尾纤故障。

故障处理:更换光模块或尾纤。

注意事项:

(1)排查线路故障时,避开其他线缆,以免造成故障范围扩大;

(2)故障处理过程中,切勿直视光口或将尾纤对准眼睛。

案例 2:ODF 柜内法兰头故障

ODF 柜熔纤盘示例如图 1 所示。

图 1　ODF 柜熔纤盘

故障现象：网管软件告警界面显示端口告警，现场端口指示灯异常。

故障分析：通过网管检查该端口收光功率小于正常数值；使用光功率计测量对应尾纤数值异常；测量 ODF 柜熔纤盘对应端口光功率数值异常，打开熔纤盘拆掉法兰头测量光功率数值正常，判断 ODF 柜内法兰头故障。

故障处理：更换 ODF 柜内法兰头。

注意事项：

(1)排查线路故障时，避开其他线缆，以免造成故障范围扩大；

(2)故障处理过程中，切勿直视光口或将尾纤对准眼睛。

案例 3：主干光缆故障

组网拓扑示例如图 2 所示。

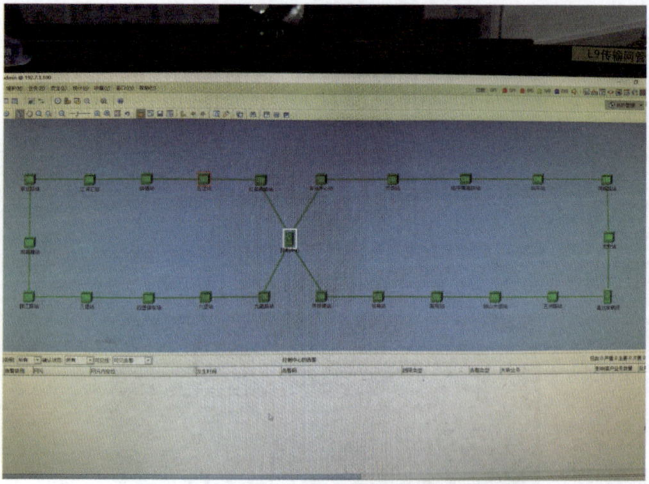

图 2　组网拓扑

故障现象：网管软件告警界面显示环网链路断开告警，现场板卡及端口指示灯异常。

故障分析：通过网管检查光线路板端口收光功率小于正常数值；使用光功率计分段测量光路，发现 ODF 侧光纤光功率小于正常数值，使用 OTDR 测量发现主干光缆链路有断点，判断主干光缆故障。

故障处理：对主干光缆重新熔纤。

注意事项：

(1)排查线路故障时，避开其他线缆，以免造成故障范围扩大；

(2)故障处理过程中，切勿直视光口或将尾纤对准眼睛。

案例 4：网线(含端子)故障

EDF 示例如图 3 所示。

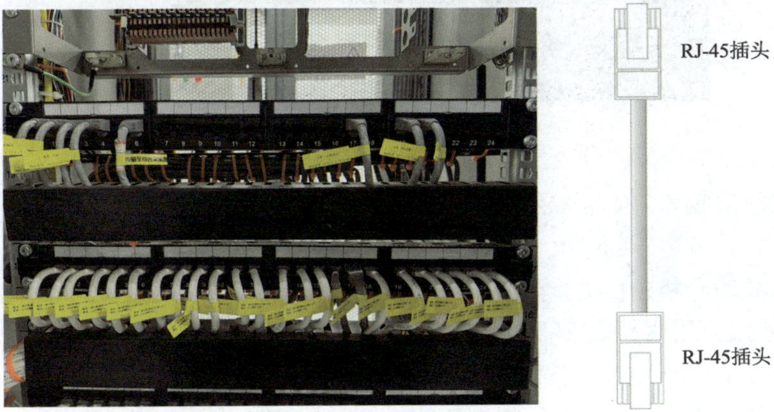

图 3　EDF

故障现象：网管软件告警界面显示端口告警，现场端口指示灯异常。

故障分析：拔插网线故障未排除，使用寻线仪测试网线链路，发现网线中断或线序指示灯异常，判断网线损坏或 RJ-45 端子故障。

故障处理：更换网线或重新制作 RJ-45 端子。

注意事项：排查线路故障时，避开其他线缆，以免造成故障范围扩大。

案例 5:2M 线(含接头)故障

DDF 示例如图 4 所示。

图 4　DDF

故障现象:网管软件告警界面显示端口告警,现场 2M 业务板指示灯异常。

故障分析:在本地节点 DDF 侧面向传输设备侧端口自环,端口仍告警;使用万用表检查 2M 线(含接头)连接存在断路,判断 2M 线或 2M 接头故障。

故障处理:更换 2M 线或重新制作 2M 接头。

注意事项:排查线路故障时,避开其他线缆,以免造成故障范围扩大。

案例 6:电源板输入线路故障

故障现象:网管软件告警界面显示电源板电压输入告警,现场电源板指示灯异常。

故障分析:现场使用万用表分段测量电路,发现电源分配模块侧输出电压正常,电源板侧输入电压异常,判断电源板输入线路故障。

故障处理:重新更换电源板输入线路。

注意事项：

(1)测量电压时，应使用万用表正确的挡位；

(2)测量时禁止触碰裸露金属部分。

二、板卡类故障(9 例)

案例 1：交叉处理板故障

交叉处理板示例如图 5 所示。

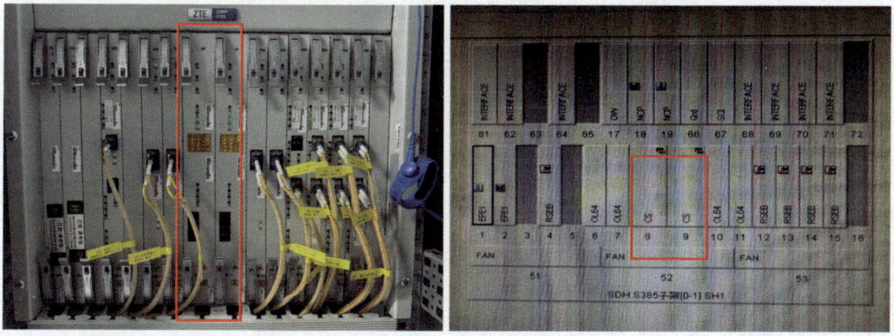

图 5　交叉处理板

故障现象：网管软件告警界面显示交叉处理板告警，现场交叉处理板指示灯异常。

故障分析：网管软件告警界面显示交叉处理板通信错误、通信中断或硬件失效告警；拔插交叉处理板，故障未恢复，判断交叉处理板故障。

故障处理：更换交叉处理板。

注意事项：拔插板卡前应佩戴静电手环，静电手环与接地点接触牢靠。

案例 2：线路板故障

线路板示例如图 6 所示。

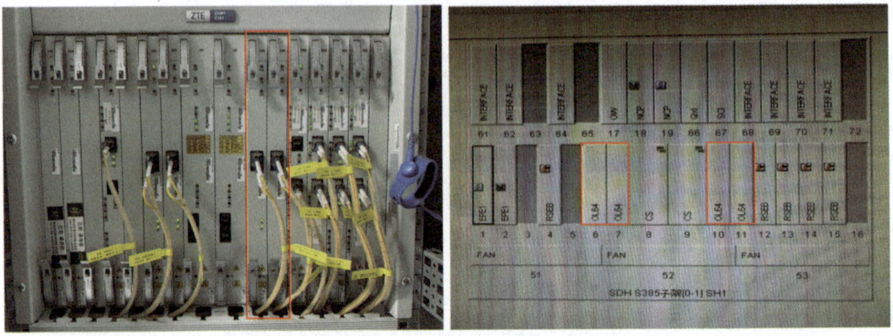

图 6　线路板

故障现象：网管软件告警界面显示线路板告警，现场线路板指示灯异常。

故障分析：网管软件告警界面显示线路板通信错误、通信中断或硬件失效告警；拔插线路板，故障未恢复，判断线路板故障。

故障处理：更换线路板。

注意事项：拔插板卡前应佩戴静电手环，静电手环与接地点接触牢靠。

案例 3：主控板故障

主控板示例如图 7 所示。

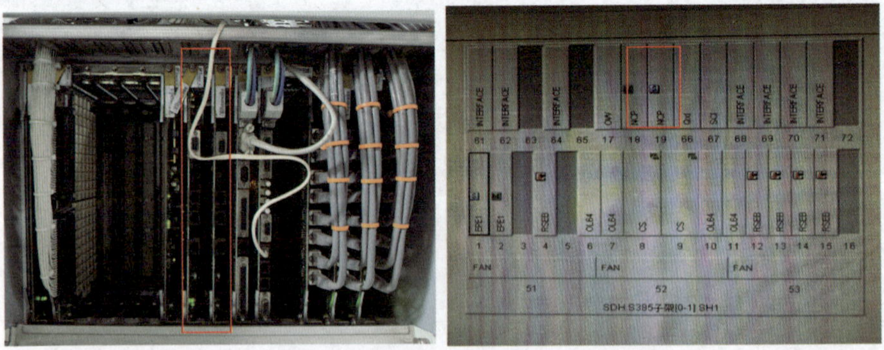

图 7　主控板

故障现象：网管软件告警界面显示主控板告警，现场主控板指示灯异常。

故障分析：网管软件告警界面显示主控板通信错误、通信中断或硬件失效告警；拔插主控板故障未恢复，判断主控板故障。

故障处理：更换并配置主控板。

注意事项：拔插板卡前应佩戴静电手环，静电手环与接地点接触牢靠。

案例 4：业务板故障

业务板示例如图 8 所示。

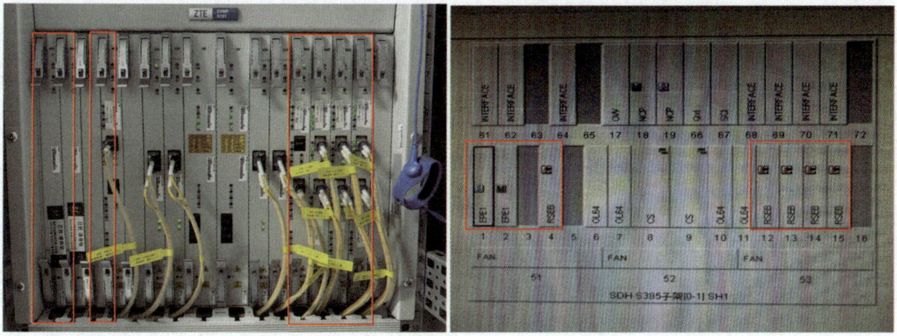

图 8 业务板

故障现象：网管软件告警界面显示业务板告警，现场业务板指示灯异常。

故障分析：网管软件告警界面显示业务板通信错误、通信中断或硬件失效告警；拔插业务板，故障未恢复，判断业务板故障。

故障处理：更换业务板。

注意事项：拔插板卡前应佩戴静电手环，静电手环与接地点接触牢靠。

案例 5：接口板故障

接口板示例如图 9 所示。

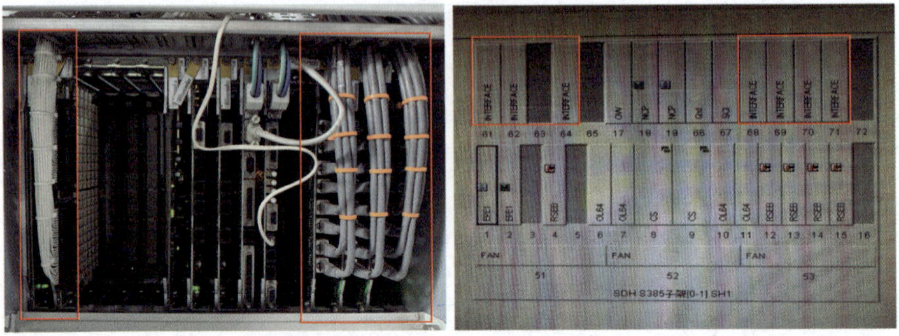

图 9　接口板

故障现象：网管软件告警界面显示接口板告警，现场接口板指示灯异常。

故障分析：网管软件告警界面显示接口板通信错误、通信中断或硬件失效告警；拔插接口板，故障未恢复，判断接口板故障。

故障处理：更换接口板。

注意事项：拔插板卡前应佩戴静电手环，静电手环与接地点接触牢靠。

案例 6：电源板故障

电源板示例如图 10 所示。

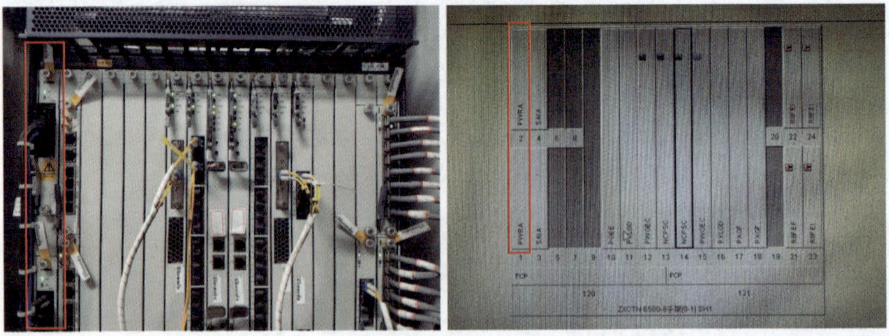

图 10　电源板

故障现象:网管软件告警界面显示电源板告警,该板卡指示灯异常。

故障分析:网管软件告警界面显示电源板无直流输入告警;拔插电源板,故障未恢复;使用万用表测量电源板输入电压正常,判断电源板故障。

故障处理:更换电源板。

注意事项:

(1)更换时禁止触碰裸露金属部分;

(2)拔插板卡前应佩戴静电手环,静电手环与接地点接触牢靠。

案例7:整流模块故障

整流模块示例如图11所示。

图11　整流模块

故障现象:网管软件告警界面显示整流模块告警,现场整流模块指示灯异常。

故障分析:网管软件告警界面显示整流模块电源输出断开告警;使用万用表测量整流模块输入电压正常,无输出电压,判断为整流模块故障。

故障处理:更换整流模块。

注意事项:

(1)测量电压时,应使用万用表正确的挡位。

(2)测量时禁止触碰裸露金属部分。

案例 8:风扇模块故障

风扇模块示例如图 12 所示。

图 12 风扇模块

故障现象:网管软件告警界面显示风扇脱位或转速异常告警,现场风扇扇叶停转或风扇有异响。

故障分析:现场检查风扇指示灯状态异常;拔插风扇模块,故障未排除,判断风扇模块硬件故障。

故障处理:更换风扇模块。

注意事项:

(1)传输散热风扇拔出容易引起板卡自保护,应逐块拔插;

(2)拔插风扇前应佩戴静电手环,静电手环与接地点接触牢靠。

案例 9:单板温度异常故障

故障现象:网管软件告警界面显示某单板温度过高告警,现场某板卡指示灯异常。

故障分析:现场查看设备房环境温度超过正常标准;用测温枪测量该板卡温度超过设备工作温度临界值,检查风扇模块工作正常,判断为环境温度过高导致板卡告警。

故障处理:打开设备柜门散热,开启通风空调系统,降低设备房温度,待机房温度恢复正常范围通过网管检查告警是否恢复,如未恢复则更换板卡。

注意事项:拔插板卡前应佩戴静电手环,静电手环与接地点接触牢靠。

三、软件类故障(1 例)

案例 1:以太网端口工作模式配置错误

故障现象:网管软件告警界面显示端口告警。

故障分析:检查传输以太网端口配置和该端口连接的设备配置,发现互联端口工作模式不一致,判断端口工作模式配置错误。

故障处理:修改端口配置。

四、其他类故障(1 例)

案例 1:传输子系统失电故障

故障现象:网管软件告警界面显示该站所有通信业务告警。

故障分析:检查机房传输机柜设备均掉电;查看传输机柜输入空开,发现脱扣;判断为线路故障或空开故障。

故障处理:检查供电线路,如线路无异常则试推空开;如试推未恢复则更换空开。

注意事项:

(1)测量电压时,应使用万用表正确的挡位;

(2)测量时禁止触碰裸露金属部分。

第二部分　时钟子系统

一、终端类故障(3 例)

案例 1:模拟子钟背光板故障

模拟子钟示例如图 13 所示。

图 13　模拟子钟

故障现象:模拟子钟背光板暗淡或背光亮度显示不均匀。

故障分析:检查模拟子钟时间显示正常;测量模拟子钟输入电压正常;重启模拟子钟,故障未排除,判断模拟子钟背光板故障。

故障处理:更换模拟子钟背光板。

注意事项:

(1)登高时,应有专人防护;安全带需正确穿戴,并经检查后方可开始登高作业;上下梯子时,要面向梯子,手把牢靠,脚踏稳准;安全带高挂低用，挂在可靠位置，严禁安全带打结使用，注意防止摆动碰撞。

（2）测量电压时，应使用万用表正确的挡位。

案例 2：车控室 IBP 盘子钟故障

车控室 IBP 盘模拟子钟示例如图 14 所示。

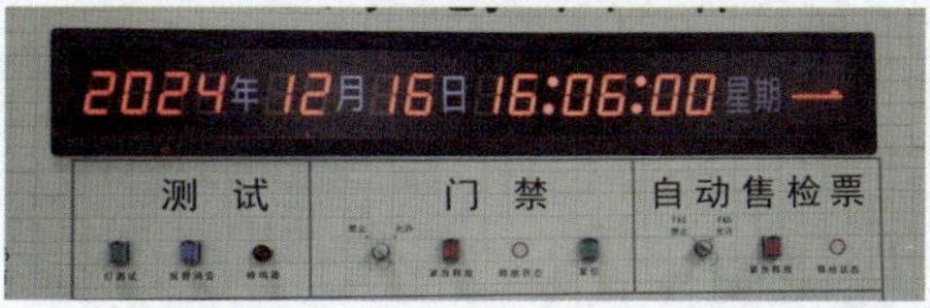

图 14　车控室 IBP 盘模拟子钟

故障现象：车控室 IBP 盘子钟星期、年、月、日暗影。

故障分析：检查车控室 IBP 盘时间显示正常；测量 IBP 盘子钟输入电压正常；重启 IBP 盘子钟，故障未恢复，判断 IBP 盘子钟故障。

故障处理：更换 IBP 盘子钟。

注意事项：

（1）登高时，应有专人防护；安全带需正确穿戴，并经检查后方可开始登高作业；上下梯子时，要面向梯子，手把牢靠，脚踏稳准；安全带高挂低用，挂在可靠位置，严禁安全带打结使用，注意防止摆动碰撞。

（2）测量电压时，应使用万用表正确的挡位。

案例 3：模拟子钟机芯故障

模拟子钟机芯示例如图 15 所示。

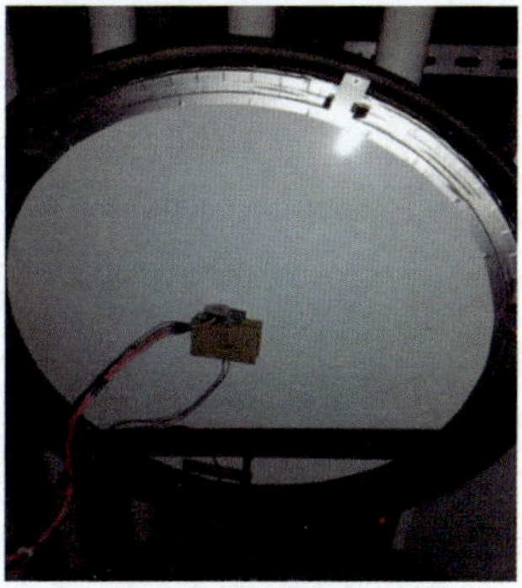

图 15　模拟子钟机芯

故障现象：模拟子钟时间显示有误。

故障分析：网管使用 PING 网络命令检查该模拟子钟的网络连通性正常，对模拟子钟远程校时无效;现场排查模拟子钟机芯输入电压,网络链路均正常;重启机芯后,故障未恢复,判断为模拟子钟机芯故障。

故障处理:更换模拟子钟机芯。

注意事项:

(1)登高时,应有专人防护;安全带需正确穿戴,并经检查后方可开始登高作业;上下梯子时,要面向梯子,手把牢靠,脚踏稳准;安全带高挂低用,挂在可靠位置,严禁安全带打结使用,注意防止摆动碰撞。

(2)测量电压时,应使用万用表正确的挡位。

二、线路类故障(2 例)

案例 1:数字子钟连接数据线(含端子)故障

故障现象:网管软件告警界面显示某个数字子钟离线。

故障分析:通过网管检查该数字子钟离线;现场排查数字子钟显示正常;检查数字子钟连接信号线,发现连接信号线不通,判断连接信号线损坏或端子故障。

故障处理:更换连接数据线或重新制作端子。

注意事项:线路处理过程中,应避免对其他正常线路造成影响。

案例 2:时钟天线连接器故障

故障现象:网管软件告警界面显示一级母钟钟卡未锁定。

故障分析:通过网管检查控制中心一级母钟钟卡未锁定,自走状态正常;断电重启后,故障未恢复;检查天线外观正常,检查天线线缆连接正常,判断天线连接器故障。

故障处理:更换天线连接器。

注意事项:

(1)登高时,应有专人防护;安全带需正确穿戴,并经检查后方可开始登高作业;上下梯子时,要面向梯子,手把牢靠,脚踏稳准;安全带高挂低用，挂在可靠位置，严禁安全带打结使用，注意防止摆动碰撞。

（2）线路处理过程中，应避免对其他正常线路造成影响。

三、板卡类故障（1 例）

案例 1：车站二级母钟故障

车站二级母钟示例如图 16 所示。

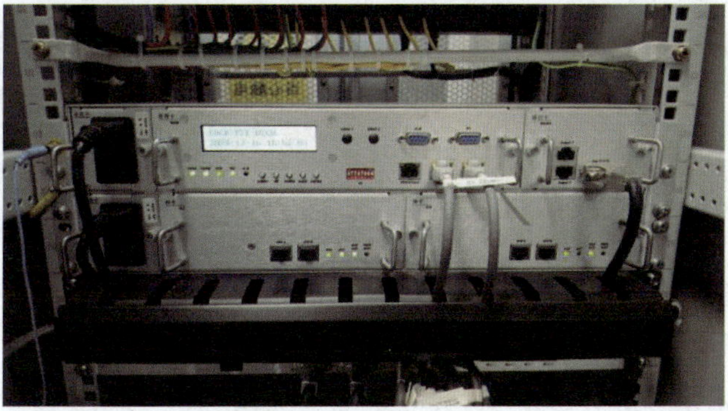

图 16　车站二级母钟

故障现象：网管软件告警界面显示某站二级母钟离线告警。

故障分析：网管使用 PING 网络命令检查车站二级母钟的网络连通性异常；检查车站二级母钟设备指示灯异常；测量二级母钟输入电压、网络链路正常；重启二级母钟，故障未恢复，判断二级母钟故障。

故障处理：更换二级母钟并配置。

注意事项：

（1）须注意网络安全风险，使用专用调试电脑，防止 IP 冲突；

（2）测量电压时，应使用万用表正确的挡位。

四、软件类故障(2 例)

案例 1:二级母钟配置异常

故障现象:网管软件告警界面显示二级母钟告警。

故障分析:测量二级母钟输入电压,网络链路均正常;重启二级母钟,故障未恢复;登录二级母钟配置页面,查看网络配置,参数不符合规范,判断配置参数错误。

故障处理:核对二级母钟 IP、子网掩码、网关参数,对错误参数进行更正。

注意事项:测量电压时,应使用万用表正确的挡位。

案例 2:控制中心时钟子系统与其他系统接口软件故障

故障现象:控制中心其他系统时间未同步。

故障分析:排查控制中心时钟子系统与其他系统接口服务器供电、网络链路均正常,判断时钟子系统与其他系统接口服务器程序故障。

故障处理:重启控制中心时钟子系统与其他系统接口程序,如重启不恢复则重装程序。

注意事项:

(1)须注意网络安全风险,使用专用调试电脑,防止 IP 冲突;

(2)重装程序须注意网络安全风险,使用专用调试电脑。

五、其他类故障(1 例)

案例 1:时钟子系统失电故障

故障现象:网管软件告警界面显示某站二级母钟离线告警。

故障分析:检查机房时钟机柜设备均掉电;查看时钟机柜输入空开,

发现跳闸，判断为线路故障或空开故障。

故障处理：检查供电线路，如线路无异常则试推空开；如试推未恢复则更换空开。

注意事项：

(1)测量电压时，应使用万用表正确的挡位；

(2)测量时禁止触碰裸露金属部分。

第三部分　电源子系统

一、终端类故障(4 例)

案例 1:单节蓄电池故障

单节蓄电池示例如图 17 所示。

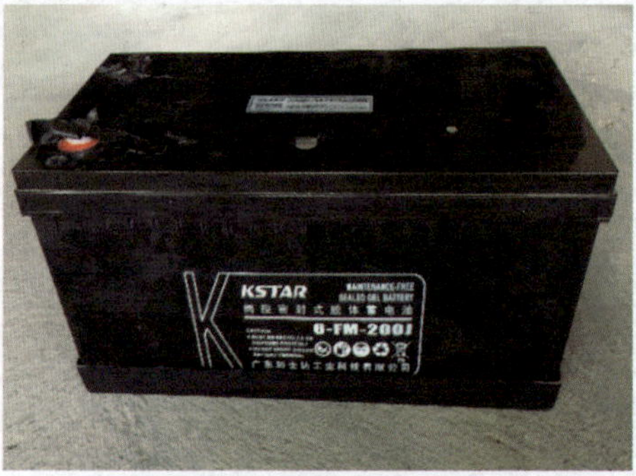

图 17　单节蓄电池

故障现象:网管软件告警界面显示单站单节蓄电池内阻过高或电压过低告警。

故障分析:现场使用内阻测试仪和万用表复测蓄电池内阻和电压数据异常,确认单节蓄电池故障。

故障处理:更换同型号单节蓄电池。

注意事项:

(1)更换蓄电池需要选用相同型号、规格的备件;

(2)拆解蓄电池连接线缆前确认蓄电池组空开已断开,作业人员穿戴绝缘手套、绝缘鞋,使用绝缘工具;

(3)测量电压时,应使用万用表正确的挡位;

(4)操作前穿戴好绝缘手套、绝缘鞋,禁止触碰机柜内带电部位。

案例 2:蓄电池监测采集模块故障

蓄电池监测采集模块示例如图 18 所示。

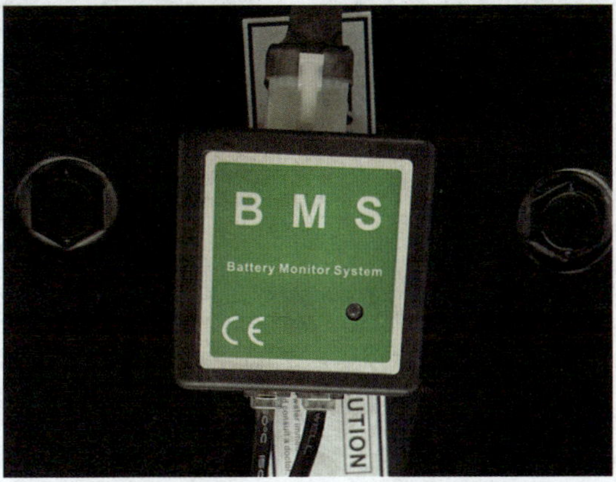

图 18　蓄电池监测采集模块

故障现象:网管软件告警界面无法显示单节蓄电池实时参数。

故障分析:现场使用内阻测试仪和万用表复测蓄电池内阻和电压数据正常;排查对应蓄电池监测采集模块的指示灯异常,排查线路连接正常,判断为该节蓄电池监测采集模块故障。

故障处理:更换蓄电池监测采集模块。

注意事项:

(1)测量电压时,应使用万用表正确的挡位。

(2)操作前穿戴好绝缘手套、绝缘鞋,禁止触碰机柜内带电部位。

案例3:整组蓄电池老化故障

整组蓄电池示例如图19所示。

图19 整组蓄电池

故障现象:蓄电池组放电时长不足或运维平台显示健康度过低。

故障分析:复测整组蓄电池电压,发现整组电池电压过低;依次复测蓄电池内阻,发现多数蓄电池内阻数值明显高于正常值。判断为蓄电池老化导致逆变供电时长过短。

故障处理:更换整组蓄电池。

注意事项:

(1)更换蓄电池需要选用相同型号、规格的备件;

(2)拆解蓄电池连接线缆前确认蓄电池组空开已断开,作业人员穿戴绝缘手套、绝缘鞋,使用绝缘工具;

(3)测量电压时,应使用万用表正确的挡位;

(4)操作前穿戴好绝缘手套、绝缘鞋,禁止触碰机柜内带电部位。

案例4:单节蓄电池漏液故障

单节蓄电池漏液示例如图20所示。

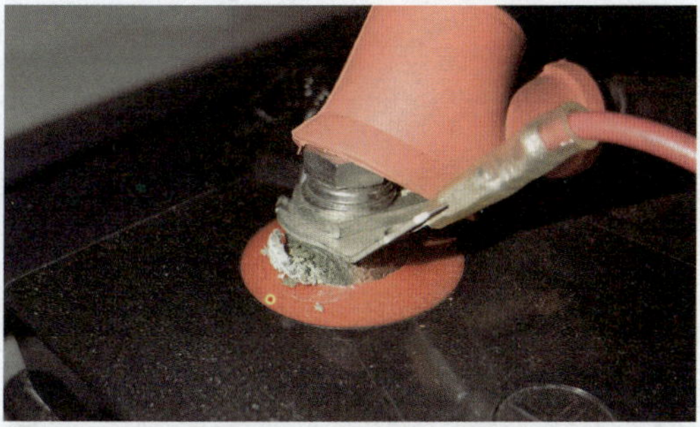

图 20　单节蓄电池漏液

故障现象：单节蓄电池表面出现漏液现象。

故障分析：观察蓄电池外观，发现蓄电池表面出现液体或结晶，使用抹布擦除，一周内巡检再次发现相同处存在液体或结晶；判断蓄电池存在漏液故障。

故障处理：更换同型号单节蓄电池。

注意事项：

(1)更换蓄电池需要选用相同型号、规格的备件；

(2)拆解蓄电池连接线缆前确认蓄电池组空开已断开，作业人员穿戴绝缘手套、绝缘鞋，使用绝缘工具；

(3)测量电压时，应使用万用表正确的挡位；

(4)操作前穿戴好绝缘手套、绝缘鞋，禁止触碰机柜内带电部位。

二、线路类故障(2 例)

案例 1：交流配电屏分空开短路跳闸故障

交流配电屏分空开示例如图 21 所示。

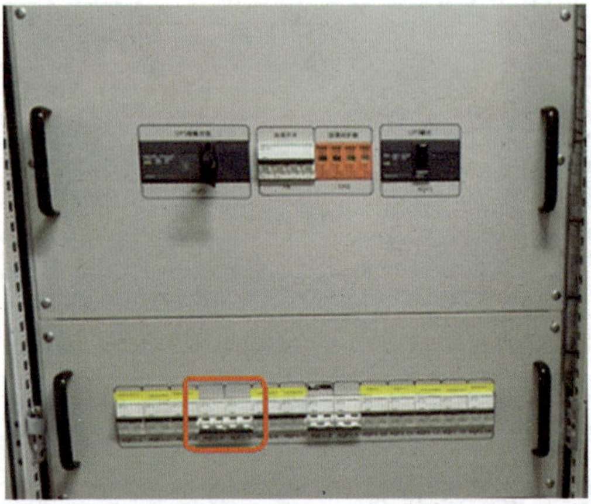

图 21　交流配电屏分空开

故障现象：网管软件告警界面显示某一个系统设备离线告警。

故障分析：测量对应机柜进线电压，发现设备失电；查看交流配电屏分空开，发现对应分空开跳闸；尝试闭合该空开失败，测量分空开下级电路，发现存在短路现象；判断为下级电路短路导致该分空开跳闸故障。

故障处理：断开对应机柜所有空开，闭合交流配电屏分空开，然后依次闭合该机柜内各路分空开，寻找短路节点并处置；对该电路上下级空开容量进行整改。

注意事项：

(1)测量电压时，应使用万用表正确的挡位；

(2)测量时禁止触碰裸露金属部分；

(3)操作前穿戴好绝缘手套、绝缘鞋，禁止触碰机柜内带电部位。

案例 2：电源监测设备端口网线(含端子)故障

电源监测设备示例如图 22 所示。

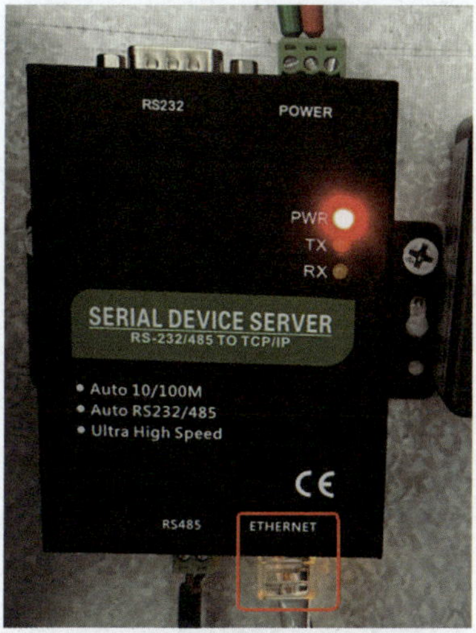

图 22　电源监测设备

故障现象：网管软件告警界面无法显示单个车站电源数据。

故障分析：网管查看该站传输子系统、乘客信息子系统、广播子系统等负载业务正常，发现传输对应电源监测业务端口存在告警；现场查看电源监测设备，发现数据指示灯异常，其余指示灯正常；拔插数据端口网线，故障未恢复，判断电源监测设备端口网线损坏或 RJ-45 端子故障。

故障处理：更换网线或重新制作 RJ-45 端子。

三、板卡类故障（10 例）

案例 1：工频 UPS 逆变器驱动板故障

故障现象：网管软件告警界面显示逆变异常告警，现场 UPS 告警。

故障分析：查看现场 UPS 面板指示灯，发现逆变器指示灯不亮，UPS 处于静态旁路工作模式；查看告警信息，发现逆变电路故障告警，重启逆变器，故障未恢复；切换至维修旁路，拆开 UPS 外壳，发现逆变电路中逆变驱动板元器件烧焦，判断为逆变器驱动板故障。

故障处理： 更换逆变器驱动板。

注意事项：

（1）触碰 UPS 内部金属元器件前先进行验电，并确认电容放电完全，双人确认后再作业。

（2）操作前穿戴好绝缘手套、绝缘鞋，禁止触碰机柜内带电部位。

（3）测量电压时，应使用万用表正确的挡位。

（4）测量时禁止触碰裸露金属部分。

案例 2：高频开关电源整流模块故障

高频开关电源模块示例如图 23 所示。

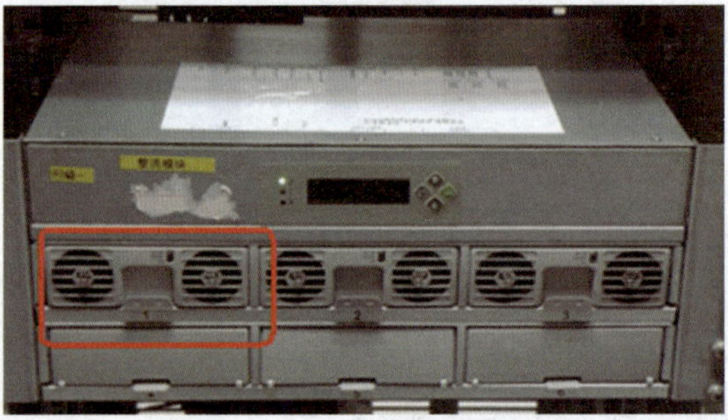

图 23　高频开关电源模块

故障现象： 网管软件告警界面显示设备离线告警，现场高频开关电源设备告警。

故障分析： 检查高频开关电源面板上的故障指示灯和显示屏上的电压、电流数值，发现单个整流模块失电，判断为高频开关电源整流模块故障。

故障处理： 更换高频开关电源整流模块。

注意事项：

（1）测量电压时，应使用万用表正确的挡位；

（2）测量时禁止触碰裸露金属部分；

(3)操作前穿戴好绝缘手套、绝缘鞋,禁止触碰机柜内带电部位。

案例3:工频UPS逆变IGBT故障

故障逆变IGBT示例如图24所示。

图24 故障逆变IGBT

故障现象:网管软件告警界面显示逆变异常告警,现场UPS告警。

故障分析:查看现场UPS面板指示灯,发现逆变器指示灯不亮,UPS处于静态旁路工作模式;查看告警信息,发现逆变电路故障告警,重启逆变器,故障未恢复;切换至维修旁路,拆开UPS外壳,测量发现逆变电路中IGBT故障,判断为逆变IGBT故障。

故障处理:更换逆变IGBT。

注意事项:

(1)触碰UPS内部金属元器件前先进行验电,并确认电容放电完全,双人确认后再作业;

(2)操作前穿戴好绝缘手套、绝缘鞋,禁止触碰机柜内带电部位;

(3)测量电压时,应使用万用表正确的挡位;

(4)测量时禁止触碰裸露金属部分。

案例4:工频UPS整流电路静态开关(可控硅)故障

静态开关(可控硅)示例如图25所示。

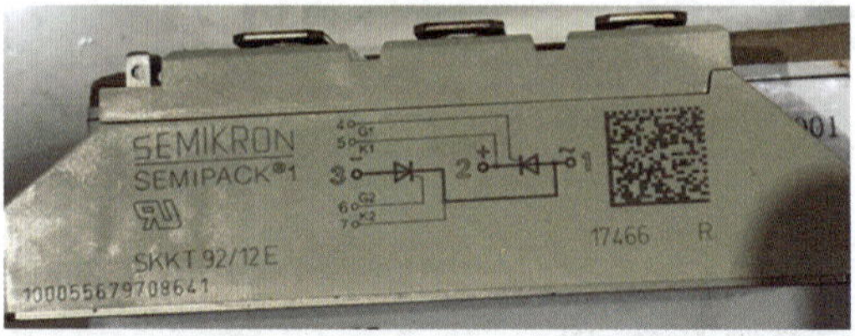

图 25　静态开关(可控硅)

故障现象:网管软件告警界面显示整流异常告警,现场 UPS 告警。

故障分析:查看现场 UPS 面板,发现市电输入正常,整流器指示灯灭,蓄电池指示灯亮,UPS 处于蓄电池供电模式;查看告警信息,发现整流电路故障告警,切换至维修旁路,拆开 UPS 外壳,发现整流电路中可控硅烧焦,判断为 UPS 整流电路静态开关(可控硅)故障。

故障处理:更换整流电路静态开关(可控硅)。

注意事项:

(1)触碰 UPS 内部金属元器件前先进行验电,并确认电容放电完全,双人确认后再作业;

(2)操作前穿戴好绝缘手套、绝缘鞋,禁止触碰机柜内带电部位;

(3)测量电压时,应使用万用表正确的挡位;

(4)测量时禁止触碰裸露金属部分。

案例 5:工频 UPS DC 电容故障

工频 UPS DC 电容示例如图 26 所示。

图 26　工频 UPS DC 电容

故障现象：网管软件告警界面显示母线电容过低告警，现场 UPS 告警，有焦煳味。

故障分析：查看现场 UPS 面板，发现市电输入正常，整流器指示灯灭，蓄电池指示灯亮，UPS 处于蓄电池供电模式；切换至维修旁路，拆开 UPS 主机发现 DC 电容明显异常鼓包破裂，判断为 DC 电容故障。

故障处理：更换 DC 电容。

注意事项：

（1）触碰 UPS 内部金属元器件前先进行验电，并确认电容放电完全，双人确认后再作业；

（2）操作前穿戴好绝缘手套、绝缘鞋，禁止触碰机柜内带电部位；

（3）测量电压时，应使用万用表正确的挡位；

（4）测量时禁止触碰裸露金属部分。

案例 6：工频 UPS AC 电容故障

工频 UPS AC 电容示例如图 27 所示。

图 27　工频 UPS AC 电容

故障现象：网管软件告警界面显示告警，现场 UPS 告警。

故障分析：查看现场 UPS 面板，发现市电输入正常，整流器指示灯灭，蓄电池指示灯亮，UPS 处于蓄电池供电模式；切换至维修旁路，拆开 UPS 发现 AC 电容鼓包严重导致接线脱落，判断为 AC 电容故障。

故障处理：更换 AC 电容。

注意事项：

(1)触碰 UPS 内部金属元器件前先进行验电，并确认电容放电完全，双人确认后再作业；

(2)操作前穿戴好绝缘手套、绝缘鞋，禁止触碰机柜内带电部位；

(3)测量电压时，应使用万用表正确的挡位；

(4)测量时禁止触碰裸露金属部分。

案例 7：电源监测设备故障

电源监测设备示例如图 28 所示。

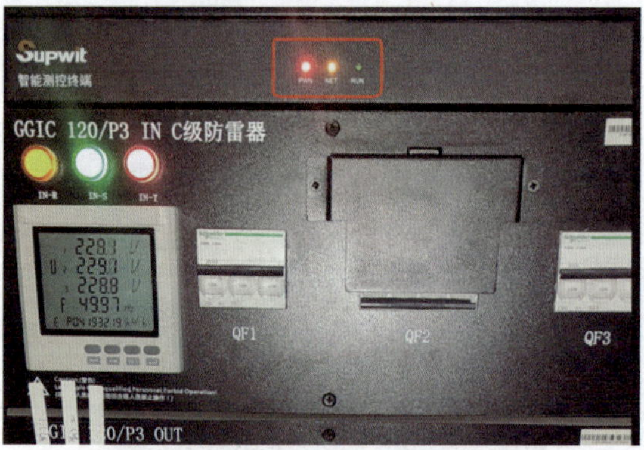

图 28　电源监测设备

故障现象：网管软件告警界面无法显示单个车站电源数据。

故障分析：网管查看该站传输子系统、乘客信息子系统、广播子系统等负载业务，发现无异常告警；现场查看电源监测设备，发现设备指示灯不亮，检查电源监测设备输入电源正常，判断电源监测设备故障。

故障处理：更换电源监测设备。

注意事项：

(1)测量电压时，应使用万用表正确的挡位；

(2)测量时禁止触碰裸露金属部分；

(3)须注意网络安全风险，使用专用调试电脑，防止 IP 冲突。

案例 8：高频 UPS 主机整流电路故障

高频 UPS 主机示例如图 29 所示。

图 29 高频 UPS 主机

故障现象：网管软件告警界面显示整流异常告警，现场 UPS 告警。

故障分析：查看现场 UPS 面板，发现市电输入正常，整流器指示灯灭，蓄电池指示灯亮，UPS 处于蓄电池供电模式；查看告警信息，发现整流电路故障告警，测量 UPS 进线电路，发现电压均正常，判断为 UPS 整流电路故障。

故障处理：切换至维修旁路，更换 UPS 主机。

注意事项：

(1)操作前穿戴好绝缘手套、绝缘鞋，禁止触碰机柜内带电部位；

(2)测量电压时，应使用万用表正确的挡位；

(3)测量时禁止触碰裸露金属部分。

案例 9：高频 UPS 主机逆变器故障

故障现象：网管软件告警界面显示逆变异常告警，现场 UPS 告警。

故障分析：查看现场 UPS 面板指示灯，发现逆变器指示灯不亮，UPS 处于静态旁路工作模式；查看告警信息，发现逆变电路故障告警，手动尝试重启逆变器失败，判断为逆变器故障。

故障处理：切换至维修旁路，更换 UPS 主机。

注意事项：

(1)操作前穿戴好绝缘手套、绝缘鞋，禁止触碰机柜内带电部位；

(2)测量电压时，应使用万用表正确的挡位；

(3)测量时禁止触碰裸露金属部分。

案例 10：工频 UPS 风扇故障

UPS 风扇故障示例如图 30 所示。

图 30　UPS 风扇故障

故障现象：网管软件告警界面显示逆变器过热告警，现场 UPS 告警。

故障分析：查看现场 UPS 面板指示灯，发现逆变器指示灯不亮，UPS 处于静态旁路工作模式；查看 UPS 风扇停止工作，判断为 UPS 风扇故障。

故障处理：更换 UPS 风扇。

注意事项：

(1)触碰 UPS 内部金属元器件前先进行验电，并确认电容放电完全，双人确认后再作业；

(2)操作前穿戴好绝缘手套、绝缘鞋，禁止触碰机柜内带电部位；

(3)测量电压时，应使用万用表正确的挡位；

(4)测量时禁止触碰裸露金属部分。

四、其他类故障(1 例)

案例 1：市电输入中断故障

故障现象：网管软件告警界面显示市电输入异常告警，现场 UPS 告警。

故障分析：查看现场 UPS 面板指示灯，发现整流器指示灯灭，蓄电池指示灯亮，UPS 处于蓄电池供电模式；查看告警信息，发现输入电压异常，测量市电进线电路，发现输入电压异常，判断为市电输入中断故障。

故障处理：排查上级电源。

注意事项：

(1)操作前穿戴好绝缘手套、绝缘鞋，禁止触碰机柜内带电部位；

(2)测量电压时，应使用万用表正确的挡位；

(3)测量时禁止触碰裸露金属部分。

第四部分　集中告警管理子系统

一、终端类故障(3 例)

案例 1:网管工作站硬盘故障

故障现象:集中告警网管工作站无法开机。

故障分析:尝试重启集中告警网管工作站无法正常开机;开机过程中主机硬盘指示灯异常,可以正常加载 BIOS,但无法加载操作系统,判断主机硬盘故障。

故障处理:更换故障硬盘并恢复数据。

注意事项:

(1)更换硬盘备件时,须核对硬盘接口类型与原硬盘一致;

(2)更换硬盘时应佩戴静电手环,静电手环与接地点接触牢靠。

案例 2:网管服务器硬盘故障

故障现象:集中告警网管软件离线,无法查询网管告警状态。

故障分析:尝试重新登录网管工作站客户端,发现登录失败;使用 PING 网络命令检查网管工作站与服务器的网络连通性发现不通;检查网管工作站网卡连接正常;检查网管服务器发现服务器未正常运行,尝试重启服务器无法正常开机,开机过程中主机硬盘指示灯异常,可以正常加载 BIOS,但无法加载操作系统,判断主机硬盘故障。

故障处理:更换故障硬盘并恢复数据。

注意事项：

(1)换硬盘备件时，须核对硬盘接口类型与原硬盘一致；

(2)更换硬盘时应佩戴静电手环，静电手环与接地点接触牢靠。

案例3：网管服务器内存条故障

故障现象：集中告警网管软件离线，无法查询网管告警状态。

故障分析：尝试重新登录网管工作站客户端，发现登录失败；使用PING网络命令检查网管工作站与服务器的网络连通性发现不通；检查网管工作站网卡连接正常；检查看服务器发现服务器关机，尝试重启服务器，发现重启时提示内存错误，无法正常加载系统，判断内存条故障。

故障处理：更换故障内存条。

注意事项：

(1)拆卸内存条时，避开其他部件，以免造成故障范围扩大；

(2)更换内存条时，须核对内存条型号，确保与原型号兼容。

二、线路类故障(2例)

案例1：网管工作站网线(含端子)故障

故障现象：集中告警网管软件离线，无法查询告警。

故障分析：尝试重新登录网管工作站客户端，发现登录失败，使用PING网络命令检查网管工作站与服务器的网络连通性发现不通；检查网管工作站网卡连接显示未连接，重新拔插网管工作站RJ-45端子故障未恢复；重启网管工作站网卡故障未恢复；重启网管工作站故障未恢复；使用网线测试仪对网管工作站至EDF网线对线测试，发现网管工作站侧网线连通异常，判断网线损坏或RJ-45端子故障。

故障处理：更换网线或重新制作RJ-45端子。

注意事项：线路处理过程中，应避免对其他正常线路造成影响。

案例 2:网管服务器与时钟子系统接口网线(含端子)端子故障

故障现象:集中告警时间未同步。

故障分析:检查服务器与时钟子系统接口,进行手动校时,校时失败;使用 PING 网络命令检查服务器与时钟子系统的网络连通性发现不通;使用网线测试仪对服务器至 EDF 网线对线测试,发现网线连通异常,判断网线损坏或 RJ-45 端子故障。

故障处理:更换网线或重新制作 RJ-45 端子。

注意事项:线路处理过程中,应避免对其他正常线路造成影响。

三、软件类故障(1 例)

案例 1:服务器接口软件运行异常

故障现象:单系统告警无法上报。

故障分析:检查集中告警服务器正常,远程进入该系统后发现系统接口软件卡死,判断集中告警接口软件运行异常。

故障处理:重启该系统接口软件。

注意事项:

(1)重启接口软件时确认具体业务,避免重启错误;

(2)使用调试终端时,终端 IP 须配置同网段不同地址,避免 IP 冲突影响业务。

第五部分　集中录音子系统

一、终端类故障(2 例)

案例 1:网管工作站内存条故障

故障现象:录音网管软件离线,无法查询录音及录音主机设备状态。

故障分析:网管工作站故障无法开机,无法正常进入网管工作站系统界面;重启时屏幕提示内存错误且主机发出“嘀嘀嘀”的响声,判断内存条故障。

故障处理:更换故障内存条。

注意事项:

(1)拆卸内存条时,应避开其他部件,以免造成故障范围扩大;

(2)更换内存条时,须核对内存条型号,确保与原型号兼容。

案例 2:录音主机硬盘故障

硬盘指示灯示例如图 31 所示。

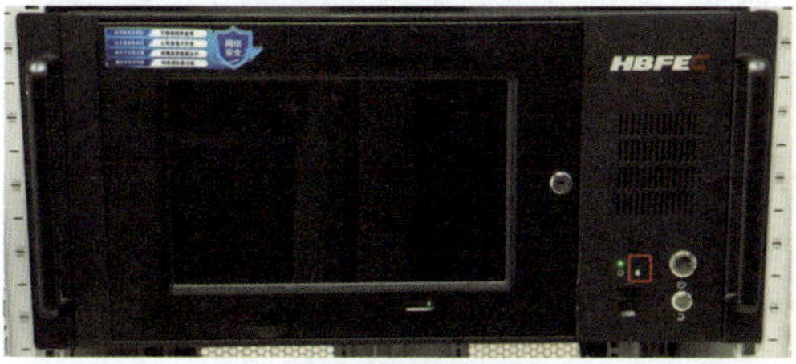

图 31　硬盘指示灯

故障现象：网管软件告警界面显示车站录音主机离线。

故障分析：尝试重启录音主机无法正常开机；开机过程中主机硬盘指示灯异常，可以正常加载 BIOS，但无法加载操作系统，判断主机硬盘故障。

故障处理：更换故障硬盘并恢复数据。

注意事项：

(1)更换硬盘备件时，须核对硬盘接口类型与原硬盘一致；

(2)更换硬盘时应佩戴静电手环，静电手环与接地点接触牢靠。

二、线路类故障(2 例)

案例 1：录音主机网线(含端子)故障

故障现象：网管软件告警界面显示车站录音主机离线。

故障分析：现场检查录音主机工作状态正常；使用 PING 网络命令检查录音主机与网管服务器的网络连通性发现不通；检查录音主机网卡连接显示未连接，重新拔插录音主机 RJ-45 端子故障未恢复；重启录音主机网卡故障未恢复；重启录音主机故障未恢复；使用网线测试仪对录音主机至 EDF 网线对线测试，发现网线连通异常，判断网线损坏或 RJ-45 端子故障。

故障处理：更换网线或重新制作 RJ-45 端子。

注意事项：线路处理过程中，应避免对其他正常线路造成影响。

案例 2：网管服务器网线(含端子)故障

故障现象：录音网管软件离线，无法查询录音及录音主机设备状态。

故障分析：尝试重新登录网管客户端，发现登录失败；使用 PING 网络命令检查网管工作站与网管服务器的网络连通性发现不通；检查网管工作站网卡连接正常；检查录音服务器网卡连接显示未连接，重新拔插录音服务器 RJ-45 端子后故障未恢复；重启录音服务器网卡故障未恢复；重启录音服务器故障未恢复;使用网线测试仪对录音服务器至 EDF 网线对线测试,发现网线连通异常,判断网线损坏或 RJ-45 端子故障。

故障处理:更换网线或重新制作 RJ-45 端子。

注意事项:线路处理过程中,应避免对其他正常线路造成影响。

三、板卡类故障(2 例)

案例 1:录音主机电源模块故障

录音主机电源模块示例如图 32 所示。

图 32　录音主机电源模块

故障现象:网管软件告警界面显示车站录音主机离线,现场录音主机无电。

故障分析:尝试重启录音主机无反应;使用万用表检查录音主机电源输入正常,判断录音主机电源模块故障。

故障处理:更换故障电源模块。

注意事项:

(1)线路处理过程中,应避免对其他正常线路造成影响;

(2)测量电压时,应使用万用表正确的挡位。

案例 2：网管服务器电源模块故障

网管服务器电源模块示例如图 33 所示。

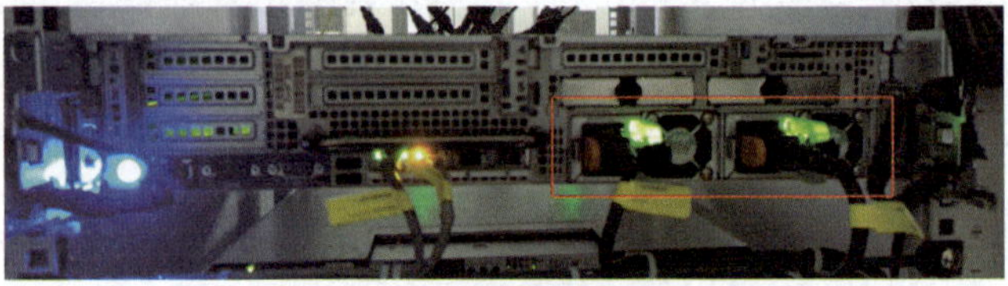

图 33　网管服务器电源模块

故障现象：录音网管软件离线，无法查询录音及录音主机设备状态。

故障分析：尝试重新登录网管工作站客户端，发现登录失败；使用 PING 网络命令检查网管工作站与网管服务器的网络连通性发现不通；检查网管工作站网卡连接正常；检查看网管服务器发现电源模块指示灯显示异常，尝试重启网管服务器无反应；使用万用表检查网管服务器电源输入正常，判断网管服务器电源模块故障。

故障处理：更换故障电源模块。

注意事项：

(1)线路处理过程中，应避免对其他正常线路造成影响；

(2)测量电压时，应使用万用表正确的挡位。

四、软件类故障(2 例)

案例 1：录音主机录音软件故障

故障现象：录音主机无法进行录音。

故障分析：检查录音主机设备状态指示灯显示正常；检查录音主机录音软件工作状态，发现软件无法操作，判断录音主机录音软件故障。

故障处理：重启录音软件。

注意事项:重启录音主机软件时确认具体业务,避免重启错误。

案例 2:录音主机录音通道配置故障

故障现象:单路语音无法进行录音。

故障分析:检查录音主机设备状态指示灯显示正常;检查录音主机录音软件工作状态正常;检查录音主机软件录音该路通道配置缺失,判断录音主机软件录音通道配置故障。

故障处理:按规划正确配置该路录音通道。

注意事项:录音通道配置过程中,应避免对其他通道造成影响。

第六部分　有线调度通信子系统

一、终端类故障(3 例)

案例 1:调度分机故障

有线调度分机示例如图 34 所示。

图 34　有线调度分机

故障现象:调度分机摘机无音,无法正常使用。

故障分析:使用测试话机连接该分机 RJ-11 端口,通话测试功能正常,判断该有线调度分机故障。

故障处理:更换调度分机。

案例 2:调度台故障

调度台示例如图 35 所示。

图 35　调度台

故障现象:调度台的显示屏出现花屏、乱码,调度台上数字键、功能键等按键失灵。

故障分析:尝试重启调度台,故障未恢复;检查调度台电源线路,无异常;尝试更换调度台后故障恢复,判断故障为调度台故障。

故障处理:更换调度台并配置。

注意事项:测量电压时,应使用万用表正确的挡位。

案例 3:调度台话柄故障

故障现象:通话时杂音大,影响通话质量差。

故障分析:现场更换调度台话柄测试清晰无杂音,判断为话柄故障。

故障处理:更换调度台话柄。

二、线路类故障(7 例)

案例 1:IP 话机网线(含端子)故障

有线调度 IP 话机示例如图 36 所示。

图 36　有线调度 IP 话机

故障现象：IP 话机无法通话。

故障分析：使用测试 IP 话机进行测试，仍无法正常通话；检查该 IP 话机连接交换机端口状态，发现状态指示灯熄灭；使用寻线仪对 IP 话机网线进行对线测试，发现 IP 话机网线不通，判断网线损坏或 RJ-45 端子故障。

故障处理：更换网线或重新制作 RJ-45 端子。

注意事项：线路处理过程中，应避免对其他正常线路造成影响。

案例 2：调度分机话柄电话线（含端子）故障

RJ-11（6P4C）端子示例如图 37 所示。

故障现象：调度分机无法通话。

故障分析：现场排查话机 LED 界面显示正常；使用测试话机测试该路话机语音信息点正常；使用寻线仪对该分机话柄电话线进行对线测试，发现电话线不通，判断为该话机话柄线损坏或 RJ-11（6P4C）端子故障。

故障处理：更换话柄电话线或重新制作 RJ-11（6P4C）端子。

注意事项：线路处理过程中，应避免对其他正常线路造成影响。

图 37　RJ-11（6P4C）端子

案例 3:VDF 跳线故障

VDF 科隆排及跳线接头示例如图 38 所示。

图 38　VDF 科隆排及跳线接头

故障现象:调度分机无电,摘机无拨号音,按键无反应,无法拨打电话。

故障分析:使用测试话机依次测试该分机 RJ-11(6P4C)端子、语音信息面板、电话分线箱处均无信号,至 VDF 用户侧(外线侧)无信号,电话交换机侧(内线侧)有信号,判断故障为 VDF 跳线故障。

故障处理:对 VDF 跳线重新卡接或者更换。

注意事项:线路处理过程中,应避免对其他正常线路造成影响。

案例 4:保安单元故障

VDF 架电话保安单元示例如图 39 所示。

图 39　VDF 架电话保安单元

故障现象:调度分机摘机无音,无法正常使用。

故障分析:使用测试话机依次测试分机 RJ-11(6P4C)端子、语音信息面板、电话分线箱处均无信号,至 VDF 用户侧(外线侧)有信号,使用万用表测试电话分线箱至 VDF 线路正常,无断路、短路现象,判断该路分机保安单元故障。

故障处理:更换保安单元。

注意事项:线路处理过程中,应避免对其他正常线路造成影响。

案例 5:语音信息面板故障

语音信息面板示例如图 40 所示。

图 40　语音信息面板

故障现象:调度分机摘机无拨号音,按键无反应,无法拨打电话。

故障分析:使用测试话机依次测试该话机 RJ-11(6P4C)端子、语音信息面板处均无信号;测试电话分线箱处信号正常;进一步对分线箱至语音信息面板线路排查,将信息面板 RJ-11 语音模块对应的电话线路拆下,使用测试话机测试对应线路信号正常,判断为语音信息面板故障。

故障处理:重新卡接或更换语音信息面板。

注意事项:

(1)在接线时,要确保接头牢固,避免再次断线;

(2)线路处理过程中,应避免对其他正常线路造成影响。

案例 6：网管工作站网线（含端子）故障

故障现象：网管客户端离线，无法操作。

故障分析：尝试重新登录网管工作站客户端，发现登录失败；使用PING 网络命令检查网管工作站与网管服务器的网络连通性，发现不通；检查网管工作站网卡连接显示网络线缆被拔出，重新拔插网管工作站网线 RJ-45 端子故障未恢复；使用寻线仪对网管工作站网线进行对线测试，显示网线连通异常，判断网管工作站网线损坏或 RJ-45 端子故障。

故障处理：更换网线或重新制作 RJ-45 端子。

注意事项：线路处理过程中，应避免对其他正常线路造成影响。

案例 7：调度台网线故障

故障现象：单台调度台无法呼入呼出。

故障分析：检查调度台设备参数设置正常；重启调度台故障未恢复；检查调度台网络端口指示灯显示异常，拔插网线 RJ-45 端子后，故障未恢复；使用寻线仪对网线进行对线测试，显示网线连通异常，判断调度台网线损坏或 RJ-45 端子故障。

故障处理：更换网线或重新制作 RJ-45 端子。

注意事项：线路处理过程中，应避免对其他正常线路造成影响。

三、板卡类故障（2 例）

案例 1：接入网关故障

故障现象：某车站全部调度分机无法通话。

故障分析：检查车站接入网关运行指示灯异常，重启设备后，故障未恢复，判断接入网关硬件故障。

故障处理：更换接入网关并配置。

注意事项：注意网络安全风险，使用专用维护终端，防止 IP 冲突。

案例 2:软交换服务器硬盘故障

软交换服务器示例如图 41 所示。

图 41　软交换服务器(DELL R740 软交换服务器)

故障现象:调度台与各车站、车辆段、停车场等站点之间的通话链路失效,无法下达调度指令及接收现场反馈。

故障分析:通过网管检查,显示软交换链路断开告警;使用 PING 网络命令检查网管工作站与软交换服务器的网络连通性,发现不通;检查网管工作站网卡连接正常;检查软交换服务器,发现服务器未正常运行,尝试重启服务器无法正常开机,开机过程中服务器硬盘指示灯异常,可以正常加载 BIOS,但无法加载操作系统,判断软交换服务器硬盘故障。

故障处理:更换硬盘,并恢复数据。

注意事项:

(1)更换硬盘备件时,须核对硬盘接口类型与原硬盘一致;

(2)更换硬盘时应佩戴静电手环,静电手环与接地点接触牢靠。

四、软件类故障(6 例)

案例 1:接入网关回声抑制配置故障

故障现象:调度分话通话回声大,通话质量差。

故障分析:使用测试话机测试故障依旧;使用维护终端登录接入网关配置页面,查看接入网关中的回声抑制是否配置正常,发现配置参数不符合技术要求,判断回声抑制配置错误。

故障处理:登录接入网关,对错误参数进行更正。

注意事项:注意网络安全风险,使用专用维护终端,防止 IP 冲突。

案例 2:接入网关热线配置故障

故障现象:某车站调度分机无法直呼调度台。

故障分析:使用测试话机测试,无法直呼调度台;登录接入网关,查看该话机号码热线业务勾选栏没有配置,判断接入网关热线配置故障。

故障处理:登录接入网关设备,开启热线业务。

注意事项:注意网络安全风险,使用专用维护终端,防止 IP 冲突。

案例 3:值班台注册 IP 地址配置故障

故障现象:值班台摘机无音,无法正常使用。

故障分析:使用新的值班台进行功能测试,可以正常注册,通话功能正常;恢复原值班台,检查该值班台以太网接口连接正常;检查调度值班台注册软交换服务器 IP 地址配置与实际不匹配,判断该调度值班台注册 IP 地址配置故障。

故障处理:正确配置调度台值班台注册软交换服务器 IP 地址。

注意事项:注意网络安全风险,使用专用维护终端,防止 IP 冲突。

案例 4:媒体服务器服务进程故障

故障现象:全线调度台无法呼入呼出。

故障分析:通过网管检查媒体服务器的后台服务进程,存在服务进程异常信息,判断为服务进程故障。

故障处理:尝试重启相关服务进程,如重启不恢复则重装程序。

案例 5:调度台组呼配置故障

故障现象:调度台发起组呼时,部分成员接入异常。

故障分析:通过网管检查调度台组呼列表配置错误,判断为调度台组呼配置故障。

故障处理:正确添加组呼列表成员信息。

案例 6:调度值班台错误设置勿扰模式

故障现象:调度值班台无法正常呼入接通。

故障分析:现场使用调度值班台呼出测试,功能正常;使用调度分机呼入值班台,发现调度值班台界面有呼入记录但是无振铃提醒;检查调度值班台设置,发现勿扰模式功能被开启,导致外部呼入被拒绝无法接通,判断调度值班台错误设置为勿扰模式。

故障处理:取消有线调度值班台勿扰模式。

五、其他类故障(2 例)

案例 1:网络交换机故障

故障现象:网管软件告警界面显示有线调度子系统业务告警。

故障分析:使用维护终端登录接入网关,使用 PING 网络命令检查车站与控制中心的网络连通性发现不通;检查传输子系统业务板卡告警显示有线调度系统业务信号丢失;检查网络交换机至传输子系统业务板卡端口指示灯熄灭,使用寻线仪对该端口网线进行对线测试,显示网线连通正常,判断网络交换机故障。

故障处理:更换网络交换机并配置。

注意事项:

(1)注意网络安全风险,使用专用维护终端,防止 IP 冲突;

(2)线路处理过程中,应避免对其他正常线路造成影响。

案例2:接入网关输入电源空开故障

故障现象:某车站全部调度分机无法通话。

故障分析:检查接入网关运行情况,发现接入网关无电;检查接入网关机柜电源分配箱空开为断开状态;使用万用表测量该空开输入电压数值正常,检查该路负载输出无短路,尝试闭合该空开失败,判断该空开故障。

故障处理:更换接入网关输入电源空开。

注意事项:

(1)在处理过程中,应确保安全,闭合空开时,确保负载输出无短路;

(2)测量电压时,应使用万用表正确的挡位;

(3)测量时禁止触碰裸露金属部分。

第七部分　无线调度通信子系统

一、终端类故障(7 例)

案例 1:手持台数据配置故障

手持台示例如图 42 所示。

图 42　手持台(东方通信终端手持台 T8180)

故障现象:单台手持台无法正常注册。

故障分析:使用维护终端手持台读写软件检查手持台数据配置,发现手持台数据配置中缺少国家码、网络码的设置,判断该手持台配置信息错误。

故障处理:正确设置国家码和网络码重新烧录手持台。

注意事项：注意网络安全风险，使用专用维护终端。

案例 2：低廓天线故障

低廓天线示例如图 43 所示。

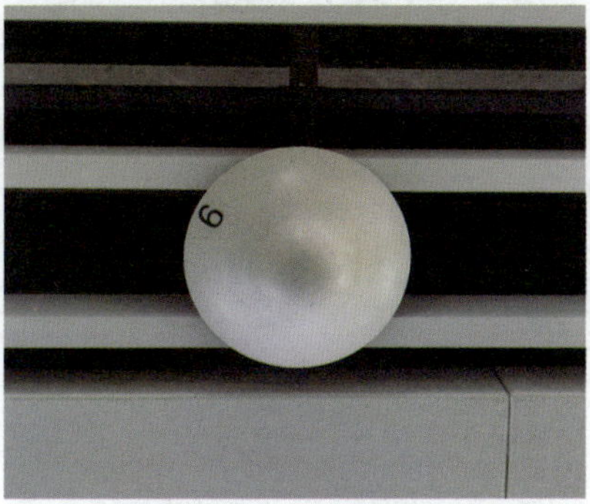

图 43　低廓天线

故障现象：某区域手持台接收无线信号弱或无信号。

故障分析：更换手持台测试故障依旧；检查无线基站状态正常；使用天馈测试仪测试该区域馈线驻波比（或回波损耗）正常；尝试紧固弱信号区域天线接头未恢复，判定低廓天线故障。

故障处理：更换低廓天线。

注意事项：

（1）登高时，应有专人防护；安全带须正确穿戴，并经检查后方可开始登高作业；上下梯子时，要面向梯子，手把牢靠，脚踏稳准；安全带高挂低用，挂在可靠位置，严禁安全带打结使用，注意防止摆动碰撞。

（2）线路处理过程中，应避免对其他正常线路造成影响。

案例 3：无线固定台通话手柄故障

无线固定台手柄示例如图 44 所示。

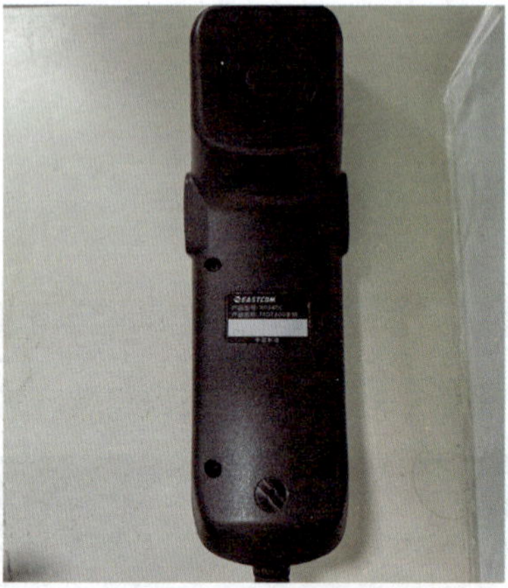

图 44　无线固定台手柄

故障现象:车站固定台话柄通话质量不佳。

故障分析:检查无线固定台接收信号强度正常;重启固定台故障未恢复;使用固定台话柄听筒测试声音清晰,判定为固定台通话手柄故障。

故障处理:更换固定台通话手柄。

案例 4:调度台扬声器故障

故障现象:调度台显示通话中,但扬声器无声音输出。

故障分析:检查扬声器至调度台主机音频线连接正确,检查调度台主机驱动程序正常,更换扬声器测试声音正常,判定调度台扬声器故障。

故障处理:更换扬声器。

案例 5:车载台上行射频模块故障

无线车载台示例如图 45 所示。

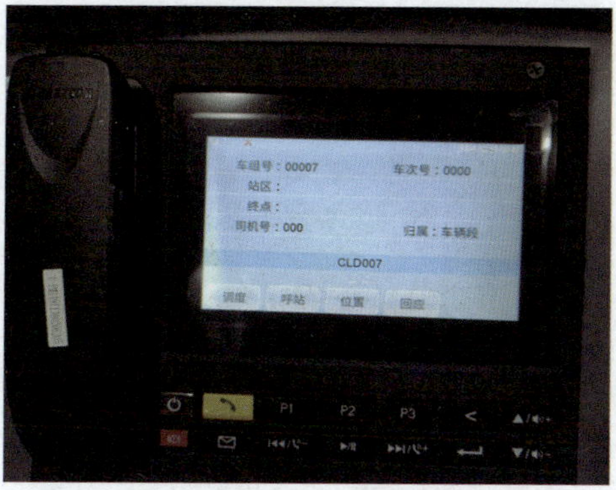

图 45　无线车载台

故障现象：某车 1 端车载台无法使用，显示脱网告警，手持台通话正常。

故障分析：尝试重启车载台故障未恢复；查看 1 端车载台控制盒显示、面板信息、配置信息均正常；测试 1 端车载台驻波 1.18（正常）；现场车载台主机天馈线缆连接禁锢无异常，判断主机内上行射频模块故障。

判断处理：更换车载台主机。

注意事项：

（1）线路处理过程中，应避免对其他正常线路造成影响；

（2）注意网络安全风险，使用专用维护终端，防止 IP 冲突。

案例 6：手持台天线模块故障

故障现象：单台手持台能正常开机，但是显示无信号。

故障分析：尝试手台重启故障依旧；检查手持台配置信息无异常；更换天线故障未恢复；判断为手持台天线模块故障。

故障处理：更换手持台天线模块。

案例 7：车站无线固定台硬盘故障

车站固定台示例如图 46 所示。

图 46　车站固定台

故障现象:车站无线固定台无录音回放文件。

故障分析:重新启动车站固定台,故障未恢复;检查固定台各通话功能无异常;检查无线固定台硬件状态,发现固定台硬盘异常,判定无线固定台硬盘故障。

故障处理:更换固定台硬盘。

注意事项:更换硬盘备件时,核对硬盘接口类型与原硬盘一致。

二、线路类故障(5 例)

案例 1:基站控制器网线(含端子)故障

基站控制器示例如图 47 所示。

图 47　基站控制器(东方通信 eTRA BS800 基站控制器)

故障现象:网管软件告警界面显示连接基站控制器的 Ethernet 物理链路断开,现场基站控制器指示灯异常,主备基站控制器切换。

故障分析:通过网管检查基站控制器存在告警;检查基站控制器线缆连接正常;拔插基站控制器网线,故障未恢复;重启基站控制器,故障未恢复;使用寻线仪测试网线链路,发现网线中断或线序指示灯异常,判断网线损坏或 RJ-45 端子故障。

故障处理:更换网线或重新制作 RJ-45 端子。

注意事项:线路处理过程中,应避免对其他正常线路造成影响。

案例 2:馈线防雷器接头故障

防雷器示例如图 48 所示。

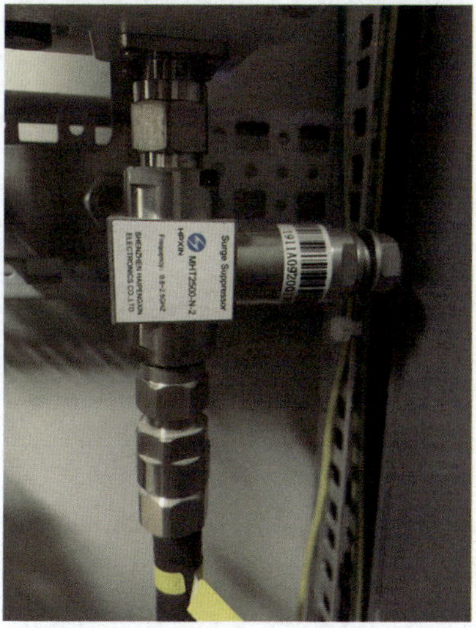

图 48　防雷器(海鹏信 MHT 2500-N-2 防雷器)

故障现象:网管软件告警界面显示信道机驻波比(或回波损耗)告警。

故障分析:使用天馈测试仪在基站 RFDS 输出测试驻波比异常(即驻波比>1.5);在防雷器之后(即在天馈连接双工器的接口侧)测量驻波比

大于 1.5；在馈线防雷器之前测量的驻波比正常（即驻波比＜1.5），判断馈线与防雷器接头故障。

故障处理：更换防雷器。

注意事项：排查线路故障时，避开其他线缆，以免造成故障范围扩大。

案例 3：双工器故障

双工器示例如图 49 所示。

图 49　双工器

故障现象：网管软件告警界面显示双工器回波损耗告警。

故障分析：使用手持天馈测试仪测量天馈系统在双工器之前（即在天馈连接双工器的接口侧）的回波损耗（或驻波比）正常，后端回波损耗异常，排查射频线路正常，判断双工器故障。

故障处理：更换双工器。

注意事项：线路处理过程中，应避免对其他正常线路造成影响。

案例 4：车载台天馈线缆故障

故障现象：某车 1 端车载台无法使用，手持台通话正常。

故障分析：尝试重启车载台故障未恢复；查看 1 端车载台控制盒显示、面板信息、配置信息均正常；测试 1 端车载台驻波 1.9（异常），现场车载台主机天馈线缆连接松脱，判断为天馈线缆接头故障。

故障处理：重新制作车载台主机天馈线缆接头。

注意事项：线路处理过程中，应避免对其他正常线路造成影响。

案例 5：信道机网线（含端子）故障

故障现象：网管软件告警界面显示信道机与基站控制器连接断开。

故障分析：通过网管检查信道机存在告警；检查信道机线缆连接正常；拔插信道机网线，故障未恢复；重启信道机，故障未恢复；使用寻线仪测试网线链路，发现网线中断或线序指示灯异常，判断网线损坏或 RJ-45 端子故障。

故障处理：更换网线或重新制作 RJ-45 端子。

注意事项：线路处理过程中，应避免对其他正常线路造成影响。

三、板卡类故障（5 例）

案例 1：电源模块故障

故障现象：电源模块的指示灯异常。

故障分析：通过网管检查电源模块存在告警；检查现场电源模块线路连接正确；重新拔插电源模块后，故障未恢复；测量电源模块输入电压正常，输出电压异常，判断电源模块故障。

故障处理：更换电源模块。

注意事项：

（1）拔插板卡前应佩戴静电手环，静电手环与接地点接触牢靠；

（2）测量电压时，应使用万用表正确的挡位；

(3)测量时禁止触碰裸露金属部分；

(4)线路处理过程中，应避免对其他正常线路造成影响。

案例 2：基站风扇模块故障

故障现象：网管软件告警界面显示基站风扇告警。

故障分析：测试风扇模块输入电压正常；拔插风扇模块，故障未恢复，判断风扇模块硬件故障。

故障处理：更换基站风扇模块。

注意事项：

(1)拔插风扇前应佩戴静电手环，静电手环与接地点接触牢靠；

(2)注意网络安全风险，使用专用维护终端时，避免 IP 冲突；

(3)线路处理过程中，应避免对其他正常线路造成影响。

案例 3：信道机故障

故障现象：网管软件告警界面显示信道机异常。

故障分析：检查信道机各连线无问题；使用维护终端登录信道机发现时钟状态、TR(发送和接收)状态异常；重启信道机故障未恢复，判断信道机故障。

故障处理：更换信道机并配置。

注意事项：

(1)拔插板卡前应佩戴静电手环，静电手环与接地点接触牢靠；

(2)注意网络安全风险，使用专用维护终端，防止 IP 冲突；

(3)线路处理过程中，应避免对其他正常线路造成影响。

案例 4：基站控制器故障

故障现象：网管软件告警界面显示连接基站控制器的 Ethernet 物理链路断开，现场基站控制器指示灯异常，主备基站控制器切换。

故障分析：检查基站控制器线缆连接正常；拔插基站控制器网线，故障未恢复；重启基站控制器，故障未恢复；使用维护终端登录基站控制器，无法正常登录，判断基站控制器故障。

故障处理：更换基站控制器并配置。

注意事项：

(1)排查线路故障时，避开其他线缆，以免造成故障范围扩大；

(2)更换设备板卡前应佩戴静电手环，静电手环与接地点接触牢靠；

(3)注意网络安全风险，使用专用维护终端，防止 IP 冲突。

案例 5：无线集群数据服务器主板故障(摩托罗拉)

故障现象：全线列车车载台无法正常使用。

故障分析：检查无线集群数据服务器指示灯异常；重启数据服务器显示自检失败，判断服务器主板故障。

故障处理：更换服务器主板。

注意事项：更换主板备件时，须核对主板型号，保证各参数与原型号主板一致。

四、软件类故障(8 例)

案例 1：基站控制器的交换中心 IP 配置故障

基站控制器示例如图 50 所示。

图 50　基站控制器(东方通信 eTRA BS800 基站控制器)

故障现象：网管软件告警界面显示基站无法注册在交换中心，基站单站集群。

故障分析：通过网管检查该站基站存在告警；检查基站控制器与传输子系统连接状态正常；使用 PING 网络命令检查基站控制器与交换中心的网络连通性，可正常连通；重启基站控制器故障未恢复；使用维护终端查看基站控制器的交换中心 IP 地址配置缺失，判断基站控制器的交换中心 IP 配置故障。

故障处理：按规划正确配置基站控制器的交换中心 IP 地址。

注意事项：

(1)注意网络安全风险，使用专用维护终端，防止 IP 冲突；

(2)线路处理过程中，应避免对其他正常线路造成影响。

案例 2：交换服务器中手持台 ID 缺失

故障现象：单台手持台无法注册。

故障分析：检查手持台烧录配置数据正常；通过网管检查检查无线用户配置，发现网管中未添加该手持台无线用户 ID。

故障处理：通过网管平台将该手持台用户 ID 信息添加至交换服务器。

案例 3：信道机 IP 地址配置故障

故障现象：信道机板卡告警灯红灯常亮，网管软件告警界面显示该信道机信道丢失。

故障分析：通过网管检查该基站信道机存在告警；检查现场信道机网线连接正常；重启信道机，故障仍存在；使用维护终端登录信道机，检查信道机 IP 地址以及网关地址，发现信道机 IP 地址与规划表不一致，判断 IP 地址错误。

故障处理：按照规划表，修改信道机 IP 地址。

注意事项：

(1)拔插板卡前应佩戴静电手环，静电手环与接地点接触牢靠；

(2)注意网络安全风险，使用专用维护终端，防止 IP 冲突；

(3)线路处理过程中，应避免对其他正常线路造成影响。

案例 4：基站控制器 IP 地址错误

故障现象：网管软件告警界面显示基站控制器离线，基站控制器板卡告警灯红灯常亮。

故障分析：通过网管检查该基站控制器存在告警；检查基站控制器网线连接正常；重启基站控制器，故障仍存在；使用维护终端远程查看基站控制器 IP 地址以及网关地址，发现基站控制器 IP 地址与规划表不一致，判断 IP 地址错误。

故障处理：按照规划表，修改基站控制器 IP 地址。

注意事项：

(1)拔插板卡前应佩戴静电手环，静电手环与接地点接触牢靠；

(2)注意网络安全风险，使用专用维护终端，防止 IP 冲突；

(3)线路处理过程中，应避免对其他正常线路造成影响。

案例 5：调度服务器中调度台 IP 配置故障

故障现象：调度台客户端用户无法登录。

故障分析：通过网管检查调度台存在告警；检查现场调度台网线连接正常；检查调度台主机网卡连接正常，IP 配置正确；使用 PING 网络命令检查调度台与调度服务器的网络连通性，可正常连通；使用维护终端检查调度服务器调度台配置，发现调度服务器中该调度台 IP 与调度台 IP 不一致，判断调度服务器中该调度台 IP 配置错误。

故障处理：更正调度服务器中该调度台 IP。

注意事项：

(1)注意网络安全风险，使用专用维护终端，防止 IP 冲突；

(2)线路处理过程中，应避免对其他正常线路造成影响。

案例 6:调度服务器中调度台用户信息配置错误

故障现象:调度台客户端用户无法登录。

故障分析:通过网管检查调度台存在告警;检查调度台网线连接正常;检查调度台主机网卡连接正常,IP 配置正确;使用 PING 网络命令检查调度台与调度服务器的网络连通性,可正常连通;使用维护终端查看调度服务器调度台配置发现中未添加该调度台用户,判断调度服务器中调度台用户信息配置错误。

故障处理:在调度服务器中添加该无线调度台用户。

注意事项:

(1)注意网络安全风险,使用专用维护终端,防止 IP 冲突;

(2)线路处理过程中,应避免对其他正常线路造成影响。

案例 7:基站控制器语音组播 IP 地址设置故障

故障现象:手持台能够注册,但是不能正常通话。

故障分析:检查该站手持台均存在该故障,将该站手持台在其他基站使用时功能正常;重启基站故障依旧;使用维护终端登录故障基站控制器检查基站配置信息,发现语音组播 IP 地址与规划不一致,判断基站控制器语音组播 IP 地址设置故障。

故障处理:根据规划重新配置基站语音组播地址后重启基站控制器。

注意事项:

(1)线路处理过程中,应避免对其他正常线路造成影响;

(2)更换设备板卡前应佩戴静电手环,静电手环与接地点接触牢靠;

(3)注意网络安全风险,使用专用维护终端,防止 IP 冲突。

案例 8:调度服务器主备关系冲突故障

故障现象:无线调度台显示与调度服务器连接断开,手持台、固定台通话正常,无线调度台无法接收车载台呼叫请求。

故障分析:尝试重启无线调度台故障未恢复;登录主、备无线调度服务器,查看两台服务器状态皆为主用状态,判断调度服务器主备关系冲突。

故障处理:将主用状态的调度服务器重启,切换为备用状态。

注意事项:

(1)线路处理过程中,应避免对其他正常线路造成影响;

(2)远程登录服务器时须确认主备服务器 IP。

第八部分　乘客信息子系统

一、终端类故障(7 例)

案例 1:车站单块 LCD 屏故障

LCD 屏黑屏示例如图 51 所示。

图 51　LCD 屏黑屏

故障现象:车站单块 LCD 屏黑屏。

故障分析:现场查看 LCD 屏状态灯不亮,使用遥控器进行开屏操作,无法正常开机;测量 LCD 屏输入电压正常,判断为 LCD 屏硬件故障。

故障处理:更换 LCD 屏。

注意事项:

(1)登高时,应有专人防护;安全带须正确穿戴,并经检查后方可开始登高作业;上下梯子时,要面向梯子,手把牢靠,脚踏稳准;安全带高挂低用，挂在可靠位置，严禁安全带打结使用，注意防止摆动碰撞。

（2）测量电压时，应使用万用表正确的挡位。

案例2：车站LCD屏HDMI光纤转换器故障

故障现象：车站单块LCD屏无信号输入。

故障分析：排查LCD屏信道设置正常；排查HDMI光纤转换器灯位异常；测试HDMI光纤转换器输入电压、网络线路均正常，判断HDMI光纤转换器故障。

故障处理：更换HDMI光纤转换器。

注意事项：

（1）登高时，应有专人防护；安全带须正确穿戴，并经检查后方可开始登高作业；上下梯子时，要面向梯子，手把牢靠，脚踏稳准；安全带高挂低用，挂在可靠位置，严禁安全带打结使用，注意防止摆动碰撞。

（2）测量电压时，应使用万用表正确的挡位。

案例3：区间AP终端故障

故障现象：网管软件告警界面显示某区间AP离线。

故障分析：用万用表测量该AP终端输入电压正常；使用光功率计测试AP终端侧尾纤光衰正常；重启AP终端，故障未恢复，判断AP终端硬件故障。

故障处理：更换AP终端并配置。

注意事项：

（1）测量电压时，应使用万用表正确的挡位；

（2）故障处理过程中，切勿直视光口或将尾纤对准眼睛。

案例4：LED屏光电转换器故障

LED屏光电转换器示例如图52所示。

图 52 LED 屏光电转换器

故障现象:车站单个出入口 LED 屏无信息显示。

故障分析:排查 LED 屏网络链路,发现光电转换器电源指示灯未亮起;排查光电转换器适配器输出电压正常,判断光电转换器故障。

故障处理:更换光电转换器。

注意事项:

(1)登高时,应有专人防护;安全带须正确穿戴,并经检查后方可开始登高作业;上下梯子时,要面向梯子,手把牢靠,脚踏稳准;安全带高挂低用,挂在可靠位置,严禁安全带打结使用,注意防止摆动碰撞。

(2)测量电压时,应使用万用表正确的挡位。

案例 5:LED 屏光电转换器适配器故障

故障现象:车站单个出入口 LED 屏无信息显示。

故障分析:排查 LED 屏网络链路,发现光电转换器电源指示灯未亮起;排查光电转换器适配器输出电压异常,排查适配器输入电压正常,判断光电转换器适配器故障。

故障处理:更换光电转换器适配器。

注意事项:

(1)登高时,应有专人防护;安全带须正确穿戴,并经检查后方可开始登高作业;上下梯子时,要面向梯子,手把牢靠,脚踏稳准;安全带高挂低用,挂在可靠位置,严禁安全带打结使用,注意防止摆动碰撞。

(2)测量电压时,应使用万用表正确的挡位。

案例 6:LED 屏模组故障

故障现象:LED 屏部分区域无法正常显示。

故障分析:排查该模组数据线路正常,判断该 LED 屏模组故障。

故障处理:更换 LED 屏模组。

注意事项:登高时,应有专人防护;安全带须正确穿戴,并经检查后方可开始登高作业;上下梯子时,要面向梯子,手把牢靠,脚踏稳准;安全带高挂低用,挂在可靠位置,严禁安全带打结使用,注意防止摆动碰撞。

案例 7:控制中心直播源解码器故障

故障现象:全线乘客信息子系统直播源中断。

故障分析:排查编播中心至分线中心交换机灯位正常;重启交换机后,故障未恢复;检查直播源解码器指示灯异常;排查该解码器网络链路、输入电压均正常,判断直播源解码器故障。

故障处理:更换直播源解码器。

注意事项:测量电压时,应使用万用表正确的挡位。

二、线路类故障(4 例)

案例 1:车站 LCD 屏尾纤故障

故障现象:车站某块 LCD 屏无信号输入。

故障分析:排查 LCD 屏信道设置正常;使用光功率计分段测量光路,LCD 侧尾纤光功率过大,判断 LCD 屏侧尾纤故障。

故障处理:用酒精清洁尾纤,如未恢复则更换尾纤。

注意事项:

(1)登高时,应有专人防护;安全带须正确穿戴,并经检查后方可开始登高作业;上下梯子时,要面向梯子,手把牢靠,脚踏稳准;安全带高挂低用,挂在可靠位置,严禁安全带打结使用,注意防止摆动碰撞。

(2)故障处理过程中,切勿直视光口或将尾纤对准眼睛。

案例 2:车站机房 ODF 侧光纤(含法兰)故障

机房侧尾纤示例如图 53 所示。

图 53 机房侧尾纤

故障现象:车站某块单块 LCD 屏无信号输入。

故障分析:排查 LCD 屏信道设置正常;使用光功率计分段测量光路,机房 ODF 侧光功率过大,判断 ODF 侧光纤(含法兰)故障。

故障处理:用酒精清洁尾纤,如未恢复则更换 ODF 侧法兰或重新熔纤。

注意事项：

（1）登高时，应有专人防护；安全带须正确穿戴，并经检查后方可开始登高作业；上下梯子时，要面向梯子，手把牢靠，脚踏稳准；安全带高挂低用，挂在可靠位置，严禁安全带打结使用，注意防止摆动碰撞。

（2）故障处理过程中，切勿直视光口或将尾纤对准眼睛。

案例 3：区间 AP 终端光模块或尾纤故障

故障现象：网管软件告警界面显示某区间 AP 离线。

故障分析：用万用表测量该 AP 终端输入电压正常；使用光功率计测试 AP 终端侧尾纤光衰异常；测试光端盒光衰正常，判断 AP 终端侧光模块或尾纤故障。

故障处理：用酒精清洁尾纤，如未恢复则更换尾纤或光模块。

注意事项：

（1）测量电压时，应使用万用表正确的挡位；

（2）故障处理过程中，切勿直视光口或将尾纤对准眼睛。

案例 4：无源光分器端口故障

无源光分器示例如图 54 所示。

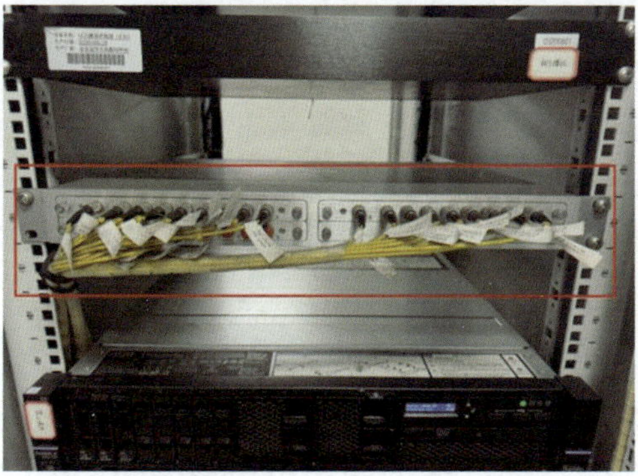

图 54　无源光分器

故障现象：车站单块 LCD 屏无信号输入。

故障分析：排查 LCD 屏信道设置正常；使用光功率计分段测量光路，机房无源光分器侧对应端口光功率过大，判断无源光分器对应端口故障。

故障处理：更换无源光分器。

注意事项：故障处理过程中，切勿直视光口或将尾纤对准眼睛。

三、板卡类故障(7 例)

案例 1：车站 LCD 屏 OPS 卡故障

LCD 屏 OPS 卡示例如图 55 所示。

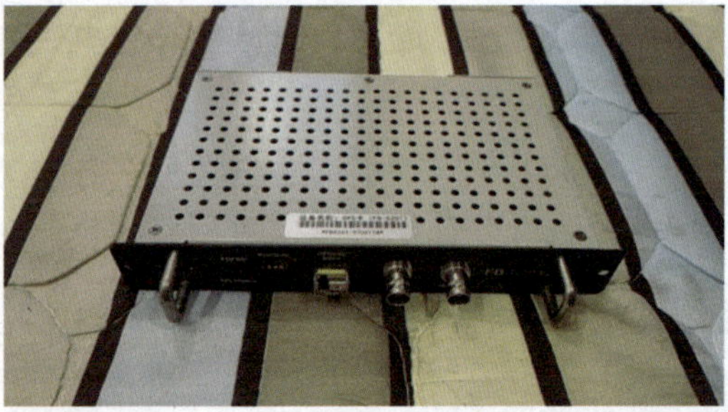

图 55　LCD 屏 OPS 卡

故障现象：车站某块 LCD 屏无信号输入。

故障分析：排查 LCD 屏信道设置正常；使用光功率计分段测量光路，LCD 侧尾纤光功率正常，判断 LCD 屏 OPS 卡故障。

故障处理：更换 LCD 屏 OPS 卡。

注意事项：

(1)登高时，应有专人防护；安全带须正确穿戴，并经检查后方可开始登高作业；上下梯子时，要面向梯子，手把牢靠，脚踏稳准；安全带高挂低用，挂在可靠位置，严禁安全带打结使用，注意防止摆动碰撞。

(2)故障处理过程中，切勿直视光口或将尾纤对准眼睛。

案例 2:播放控制器信号输出卡故障

故障现象:车站多块 LCD 屏无信号输入。

故障分析:排查该部分 LCD 屏信道设置正常;排查该播放控制器下挂其他 LCD 屏显示正常;使用光功率计分段测量光路,发现播放控制器信号输出卡光衰异常,判断播放控制器信号输出卡故障。

故障处理:更换播放控制器信号输出卡。

注意事项:

(1)登高时,应有专人防护;安全带须正确穿戴,并经检查后方可开始登高作业;上下梯子时,要面向梯子,手把牢靠,脚踏稳准;安全带高挂低用,挂在可靠位置,严禁安全带打结使用,注意防止摆动碰撞。

(2)故障处理过程中,切勿直视光口或将尾纤对准眼睛。

案例 3:车站乘客信息子系统交换机业务板故障

乘客信息子系统交换机示例如图 56 所示。

图 56　乘客信息子系统交换机

故障现象:单站无列车到站信息,网管软件告警界面显示播控离线告警。

故障分析:通过网管使用 PING 网络命令检查播放控制器的网络连通性异常;车站 LCD 板式画面显示正常查看交换机业务板指示灯异常,

判断交换机业务板故障。

故障处理：更换交换机业务板并配置。

注意事项：

(1)更换同型号或兼容视频交换机的业务板；

(2)拔插板卡前应佩戴静电手环，静电手环与接地点接触牢靠；

(3)注意网络安全风险，使用专用调试电脑，防止 IP 冲突。

案例 4：LED 屏控制卡故障

故障现象：车站单个出入口 LED 屏无信息显示。

故障分析：排查 LED 屏网络链路正常、供电正常，判断 LED 屏控制卡故障。

故障处理：更换 LED 屏控制卡并配置。

注意事项：

(1)登高时，应有专人防护；安全带须正确穿戴，并经检查后方可开始登高作业；上下梯子时，要面向梯子，手把牢靠，脚踏稳准；安全带高挂低用，挂在可靠位置，严禁安全带打结使用，注意防止摆动碰撞。

(2)测量电压时，应使用万用表正确的挡位。

案例 5：车站播放控制器故障

播放控制器示例如图 57 所示。

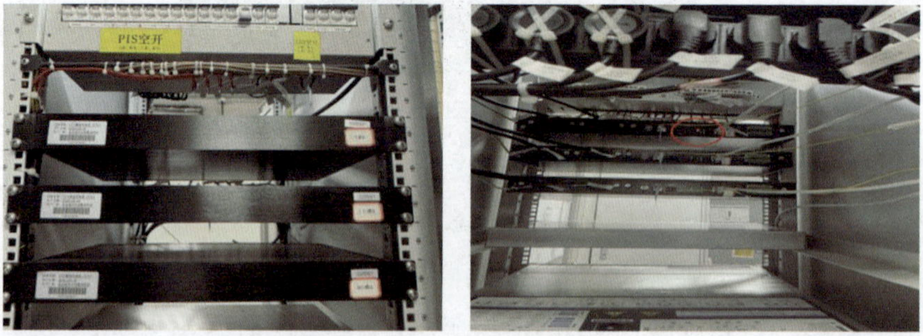

图 57　播放控制器

故障现象：车站某区域 LCD 屏无信号输入，网管软件告警界面显示播放控制器离线告警。

故障分析：通过网管使用 PING 网络命令检查播放控制器的网络连通性正常；查看车站播放控制器指示灯异常，排查播放控制器输入电压正常；重启播放控制器，故障未恢复，判断播放控制器故障。

故障处理：更换播放控制器并配置。

注意事项：注意网络安全风险，使用专用调试电脑，防止 IP 冲突。

案例 6：车站乘客信息子系统服务器硬件故障

乘客信息子系统车站服务器示例如图 58 所示。

图 58　乘客信息子系统车站服务器

故障现象：单站站台 LCD 无列车到站信息。

故障分析：排查该站乘客信息子系统服务器网络链路、供电均正常；重启服务器，故障未恢复，判断车站乘客信息子系统服务器故障。

故障处理：更换乘客信息子系统车站服务器并配置。

注意事项：注意网络安全风险，使用专用调试电脑，防止 IP 冲突。

案例 7：车站乘客信息子系统电源控制器故障

乘客信息子系统电源控制器示例如图 59 所示。

图 59　乘客信息子系统电源控制器

故障现象：车站全部 LCD 屏、LED 屏显示黑屏。

故障分析：排查机房乘客信息子系统机柜空开供电正常；测量电源控制器输入电压正常，电源控制器灯位全部熄灭；重启电源控制器，故障未恢复，判断电源控制器硬件故障。

故障处理：更换电源控制器。

注意事项：

(1)在检查电源线路时，戴好绝缘手套，严禁用手直接触碰电源线，避免触电；

(2)测量电压时，应使用万用表正确的挡位。

四、软件类故障(6 例)

案例 1：车站单台播放控制器播放进程故障

故障现象：网管软件告警界面显示播放控制器离线告警，车站某区域 LCD 屏无信号输入。

故障分析：网管使用 PING 网络命令检查播放控制器的网络连通性正常；现场播放控制器灯位状态正常；登录播放控制器测试播放进程无响应，判断为播放控制器播放进程故障。

故障处理：重启播放控制器，如重启未恢复则重装播放控制器程序。

注意事项：注意网络安全风险，使用专用调试电脑，防止 IP 冲突。

案例 2：车站单台播放控制器缓存余量不足故障

故障现象：车站某区域 LCD 屏幕画面卡顿，播放控制器 CPU 占用率过高。

故障分析：排查该台播放控制器网络链路正常；排查播放控制器 CPU 占用率过高，判断为播放控制器长期运行内存未释放，导致缓存余量不足。

故障处理：重启播放控制器，释放缓存。

案例3:控制中心乘客信息子系统与ATS接口服务器程序故障

故障现象:某线路LCD屏无列车到站信息。

故障分析:排查控制中心乘客信息子系统与ATS接口服务器网络链路、供电均正常,判断乘客信息子系统与ATS接口服务器程序故障。

故障处理:重启控制中心乘客信息子系统与ATS接口程序,如重启不恢复则重装程序。

注意事项:注意网络安全风险,使用专用调试电脑,防止IP冲突。

案例4:车站乘客信息子系统服务器与综合监控接口软件故障

故障现象:车站综合监控下发乘客信息子系统信息失败。

故障分析:测试控制中心下发乘客信息子系统信息正常;排查车站乘客信息子系统与综合监控接口服务器网络链路正常,判断乘客信息子系统与综合监控接口服务器程序故障。

故障处理:重启车站乘客信息子系统与综合监控接口程序,如重启不恢复则重装程序。

注意事项:注意网络安全风险,使用专用调试电脑,防止IP冲突。

案例5:播放控制器定时开关屏软件设置错误

故障现象:车站LCD屏未在规定时间内开屏或熄屏。

故障分析:排查播放控制器定时开关软件参数设置不符合要求,判断定时开关软件参数设置错误。

故障处理:重新设置定时开关软件参数。

注意事项:注意网络安全风险,使用专用调试电脑,防止IP冲突。

案例6:车站LCD播表版式错误

网管版式下发示例如图60所示。

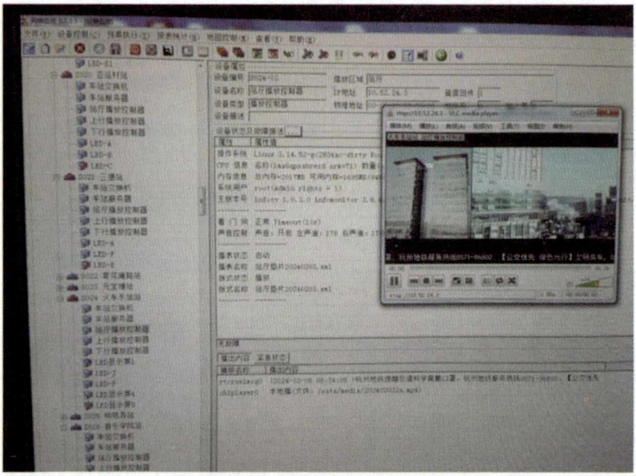

图 60　网管版式下发

故障现象：车站 LCD 画面缺少到站信息模块。

故障分析：排查 LCD 媒体画面、滚动字幕模块正常；查看播放控制器配置参数无异常，判断播表版式错误。

故障处理：重新下发版式。

五、其他类故障（2 例）

案例 1：单块 LCD 屏信号源选择错误

故障现象：车站单块 LCD 屏无信号输入。

故障分析：排查 LCD 屏信号源设置不符合输入要求，判断信号源选择错误。

故障处理：选择 LCD 屏正确输入信号源（如 HDMI、OPS、VGA 等）。

注意事项：登高时，应有专人防护；安全带须正确穿戴，并经检查后方可开始登高作业；上下梯子时，要面向梯子，手把牢靠，脚踏稳准；安全带高挂低用，挂在可靠位置，严禁安全带打结使用，注意防止摆动碰撞。

案例2:乘客信息子系统空开故障

乘客信息子系统机柜空开示例如图61所示。

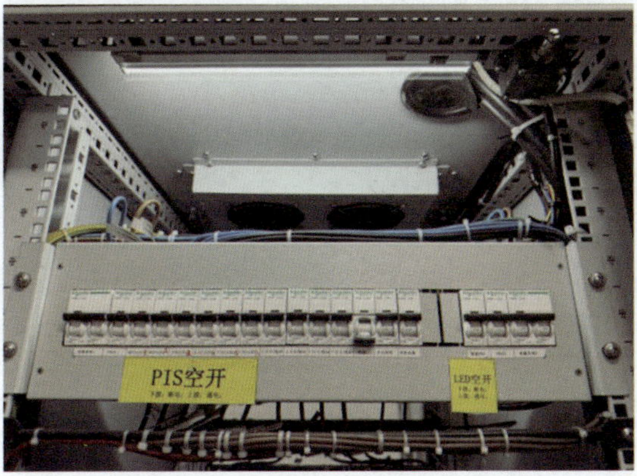

图61　乘客信息子系统机柜空开

故障现象:车站全部LCD屏、LED屏显示黑屏,网管软件告警界面显示播放控制器离线告警。

故障分析:检查机房乘客信息子系统机柜设备均掉电;查看乘客信息子系统机柜输入空开,发现跳闸,检查相关线路未有短路现象,判断为空开故障。

故障处理:更换空开。

注意事项:

(1)测量电压时,应使用万用表正确的挡位;

(2)测量时禁止触碰裸露金属部分。

第九部分　广播子系统

一、终端类故障(2 例)

案例 1:后备广播控制盒故障

故障现象:后备广播控制盒显示黑屏。

故障分析:检查后备广播控制盒电源线,连接正常;测量电源线供电电压正常;重启后备广播控制盒,无法恢复,判断后备广播控制盒故障。

故障处理:更换后备广播控制盒。

注意事项:测量电压时,应使用万用表正确的挡位。

案例 2:后备广播控制盒故障

后备广播控制盒示例如图 62 所示。

图 62　后备广播控制盒

(天津北海模拟广播后备广播控制盒 TBA-3833)

故障现象：后备广播控制盒无法广播。

故障分析：检查广播控制盒屏幕显示正常，背景时间非当前北京时间；检查数据线连接正常；检查通信扩展模块指示灯正常；重启后备广播控制盒，无法恢复，判断后备广播控制盒故障。

故障处理：更换后备广播控制盒。

注意事项：测量电压时，应使用万用表正确的挡位。

二、线路类故障(3 例)

案例 1：广播交换机至传输网线(含端子)故障

故障现象：网管软件告警界面显示车站广播子系统离线。

故障分析：通过网管检查车站广播主机离线，无法 PING 通车站广播主机；测试车站广播功能正常；使用寻线仪测试广播交换机至传输链路，发现网线中断或线序指示灯异常，判断网线损坏或 RJ-45 端子故障。

故障处理：更换网线或重新制作 RJ-45 端子。

注意事项：排查线路故障时，避开其他线缆，以免造成故障范围扩大。

案例 2：扬声器回路短路

故障现象：某广播分区广播有杂音。

故障分析：检查该分区功率放大器状态，功放状态正常；调节音量后故障未恢复；将主用功放切换到备用功放，广播输出仍有杂音；判断为前端扬声器线路短路。

故障处理：按 1/2 终端位置断开扬声器，若依然短路，则为近端故障；若短路消除，则为远端故障。故障方向继续按 1/2 原则重复递进排查，直至找到短路位置。

注意事项：

(1)登高时，应有专人防护；安全带须正确穿戴，并经检查后方可开始登高作业；上下梯子时，要面向梯子，手把牢靠，脚踏稳准；安全带高挂低用，挂在可靠位置，严禁安全带打结使用，注意防止摆动碰撞。

(2)测量电压时，应使用万用表正确的挡位。

(3)测量时禁止触碰裸露金属部分。

(4)排查线路故障时，避开其他线缆，以免造成故障范围扩大。

案例 3：应急音频线(含端子)故障

故障现象：后备广播控制盒应急广播不可用。

故障分析：测试后备广播控制盒预录制广播，播放正常；检查后备广播控制盒应急音频线路情况，线路不通，判断为后备广播控制盒应急端口线路故障或接线端子故障。

故障处理：更换线路或重新制作接线端子。

注意事项：排查线路故障时，避开其他线缆，以免造成故障范围扩大。

三、板卡类故障(12 例)

案例 1：数字广播主机无线接口模块故障

无线接口模块示例如图 63 所示。

图 63　无线接口模块

(天津北海 BHP-DBM-3100 数字广播主机无线接口模块)

故障现象：车站站台手持台无线广播功能不可用。

故障分析：后备广播控制盒测试预录制广播，播放正常；检查无线接口模块灯位异常，排查无线接口模块至广播交换机链路正常；拔插无线接口模块，故障未恢复，判断为无线接口模块故障。

故障处理：更换无线接口模块并配置。

注意事项：

(1)注意网络安全风险，使用专用维护终端，防止 IP 冲突；

(2)拔插板卡前应佩戴静电手环，静电手环与接地点接触牢靠。

案例 2：数字广播主机录音接口模块故障

录音接口模块示例如图 64 所示。

图 64　录音接口模块

（天津北海 BHP-DBM-3100 数字广播主机录音接口模块）

故障现象：车站广播无录音。

故障分析：测试车站录音子系统各功能正常；检查对应录音接口模块灯位异常，排查录音接口模块与广播交换机链路正常；拔插录音接口模块，故障未恢复，判断为录音接口模块故障。

故障处理：更换录音接口模块并配置。

注意事项：

(1)注意网络安全风险，使用专用维护终端，防止 IP 冲突；

(2)拔插板卡前应佩戴静电手环，静电手环与接地点接触牢靠。

案例 3：数字广播主机外部扩展模块故障

故障现象：消防广播无法触发。

故障分析：手动测试消防广播，播放正常；检查外部拓展模块灯位异常，排查外部拓展模块至广播交换机链路正常；拔插外部拓展模块，故障未恢复，判断为外部拓展模块故障。

故障处理：更换外部扩展模块并配置。

注意事项：

(1)注意网络安全风险，使用专用维护终端，防止 IP 冲突；

(2)拔插板卡前应佩戴静电手环，静电手环与接地点接触牢靠。

案例 4：数字广播主机换乘控制模块故障

故障现象：无法播放换乘区域广播。

故障分析：排查本站区域广播功能正常；检查换乘控制模块灯位异常，排查换乘控制模块至广播交换机链路正常；拔插换乘控制模块，故障未恢复，判断为换乘控制模块故障。

故障处理：更换换乘控制模块并配置。

注意事项：

(1)注意网络安全风险，使用专用维护终端，防止 IP 冲突；

(2)拔插板卡前应佩戴静电手环，静电手环与接地点接触牢靠。

案例 5：广播主机电源模块故障

故障现象：广播主机失电。

故障分析：检查广播主机电源模块输入电压正常；检查电源模块无输出电压，判断为电源模块故障。

故障处理：更换电源模块。

注意事项：

(1)测量电压时，应使用万用表正确的挡位；

(2)测量时禁止触碰裸露金属部分。

案例 6：功率放大器故障

功率放大器示例如图 65 所示。

图 65　功率放大器
（天津北海 BHP-A-2500 功率放大器）

故障现象：某广播分区无法广播。

故障分析：使用后备广播控制盒测试，该广播区无法广播，其他广播区正常；排查该广播区对应功率放大器指示灯异常；排查功率放大器输入电压正常、网络线路正常；重启功率放大器，故障未恢复，判断为功率放大器故障。

故障处理：更换功率放大器并配置。

注意事项：注意网络安全风险，使用专用维护终端，防止 IP 冲突。

案例 7：广播交换机故障

故障现象：列车无到站广播。

故障分析：通过网管检查传输子系统业务板卡告警广播子系统业务丢失；查看广播交换机端口指示灯异常，排查广播交换机输入电压正常，判断为广播交换机故障。

故障处理：更换广播交换机并配置。

注意事项：注意网络安全风险，使用专用维护终端，防止 IP 冲突。

案例 8：以太网模块故障

以太网接口模块示例如图 66 所示。

图 66　以太网接口模块

（天津北海模拟广播以太网接口模块 TBA-3017B）

故障现象：列车无到站广播。

故障分析：手动预录制广播，播放正常；检查以太网模块灯位异常，排查以太网模块至广播交换机链路正常；拔插以太网模块，故障未恢复，判断为以太网模块故障。

故障处理：更换以太网模块并配置。

注意事项：

（1）注意网络安全风险，使用专用维护终端，防止 IP 冲突；

（2）拔插板卡前应佩戴静电手环，静电手环与接地点接触牢靠。

案例 9：语音合成模块故障

语音合成模块示例如图 67 所示。

图 67　语音合成模块

（天津北海模拟广播语音合成模块 TBA-3021B）

故障现象：列车无到站广播。

故障分析：手动预录制广播，播放正常；检查语音合成模块灯位异常，排查语音合成模块至广播交换机链路正常；拔插语音合成模块，故障未恢复，判断为语音合成模块故障。

故障处理：更换语音合成模块并配置。

注意事项：

(1)拔插板卡前应佩戴静电手环，静电手环与接地点接触牢靠；

(2)更换语音合成模块时注意保留 SD。

案例 10：数据转换模块故障

数据转换模块示例如图 68 所示。

图 68　数据转换模块

（天津北海模拟广播数据转换模块 TBA-3017E）

故障现象：综合监控显示网格。

故障分析：检查数据转换模块灯位异常，排查数据转换模块至广播交换机链路正常；拔插数据转换模块，故障未恢复，判断为数据转换模块故障。

故障处理：更换数据转换模块并配置。

注意事项：拔插板卡前应佩戴静电手环，静电手环与接地点接触牢靠。

案例 11：开关控制模块故障

开关控制模块示例如图 69 所示。

图 69　开关控制模块

（天津北海模拟广播开关控制模块 TBA-3016）

故障现象：无法选择广播区。

故障分析：测试人工口播，播放正常；检查开关控制模块灯位异常，排查开关控制模块至广播交换机链路正常；拔插开关控制模块，故障未恢复，判断为开关控制模块故障。

故障处理：更换开关控制模块并配置。

注意事项：

（1）注意网络安全风险，使用专用维护终端，防止 IP 冲突；

（2）拔插板卡前应佩戴静电手环，静电手环与接地点接触牢靠。

案例 12：通信扩展模块故障

通信扩展模块示例如图 70 所示。

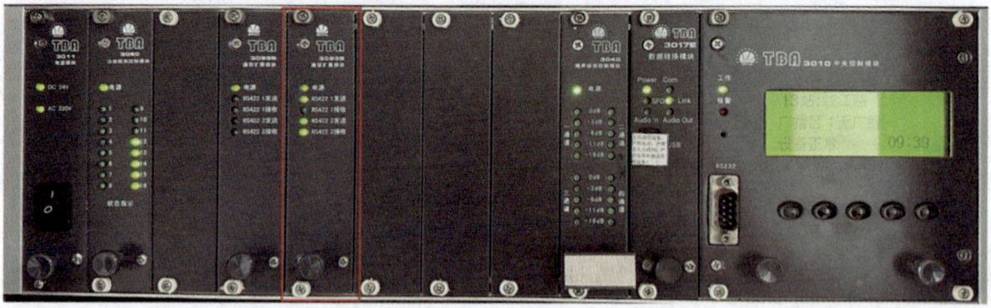

图 70　通信扩展模块

（天津北海模拟广播通信扩展模块 TBA-3093）

故障现象：车站站台手持台无线广播功能不可用。

故障分析：后备广播控制盒测试预录制广播，播放正常；检查通信扩展模块灯位异常，排查通信扩展模块至广播交换机链路正常；拔插通信扩展模块，故障未恢复，判断为通信扩展模块故障。

故障处理：更换通信扩展模块并配置。

注意事项：

(1)注意网络安全风险，使用专用维护终端，防止 IP 冲突；

(2)拔插板卡前应佩戴静电手环，静电手环与接地点接触牢靠。

四、软件类故障(4 例)

案例 1：数字广播主机主控程序故障

数字广播主机示例如图 71 所示。

图 71　数字广播主机

(天津北海 BHP-DBM-3100-HZ7 广播主机)

故障现象：列车无到站广播。

故障分析：检查功率放大器状态正常；排查广播与 ATS 接口正常，广播能正常接收 ATS 数据；检查数字广播主机显示异常，判断为数字广播主机主控程序运行异常。

故障处理：重启数字广播主机，如重启不恢复则重装程序。

注意事项：重装程序须注意网络安全风险，使用专用维护终端。

案例 2：控制中心广播子系统与 ATS 接口服务器程序故障

故障现象：全线车站无到站广播。

故障分析：排查控制中心乘客信息子系统与 ATS 接口服务器网络链路正常，判断乘客信息子系统与 ATS 接口服务器程序故障。

故障处理：重启控制中心广播子系统与 ATS 接口程序，如重启不恢复则重装程序。

注意事项：重装程序须注意网络安全风险，使用专用维护终端。

案例 3：车站广播与综合监控接口程序故障

故障现象：车站综合监控播放广播异常。

故障分析：排查车站广播子系统与综合监控接口服务器网络链路正常，判断广播子系统与综合监控接口服务器程序故障。

故障处理：重启广播子系统与综合监控接口程序，如重启不恢复则重装程序。

注意事项：重装程序须注意网络安全风险，使用专用维护终端。

案例 4：某广播分区占区故障

故障现象：某广播分区无法广播。

故障分析：查看广播设备运行正常无告警，其他广播分区能正常广播；检查综合监控工作站广播模块对应区域状态占区，判断为该广播分区被占用。

故障处理：释放广播区至空闲状态。

五、其他类故障（3 例）

案例 1：广播子系统失电故障

故障现象：网管软件告警界面显示该站广播子系统离线。

故障分析:检查机房广播机柜设备均掉电;查看广播机柜输入空开,发现脱扣,判断为线路故障或空开故障。

故障处理:检查供电线路,如线路无异常则试推空开;如试推未恢复则更换空开。

注意事项:

(1)测量电压时,应使用万用表正确的挡位;

(2)测量时禁止触碰裸露金属部分。

案例 2:音频文件属性错误

故障现象:预到站广播语速异常。

故障分析:检查音频文件属性,不满足设备厂家要求,判断为音频文件属性错误。

故障处理:重新制作音频文件,按厂家要求更改采样率、比特率、声道、文件格式等参数。

注意事项:

(1)音频文件上刊前要做好音频文件审核;

(2)音频上刊后须现场测试确认。

案例 3:语音合成模块中文件夹权限错误

故障现象:无法远程更新预录制音频文件。

故障分析:检查需要更新的线路号、站点号、IP 地址,无异常;检查 SD 卡容量未满;查看文件夹权限为只读,判断文件夹权限问题。

故障处理:修改文件夹权限为可读写。

注意事项:须注意网络安全风险,使用专用维护终端。

第十部分　视频监控子系统

一、终端类故障(7 例)

案例 1:摄像机电源适配器故障

摄像机电源适配器示例如图 72 所示。

图 72　摄像机电源适配器

故障现象:视频监控平台上某点位显示取流失败。

故障分析:通过监控终端使用 PING 网络命令检查摄像机的网络连通性发现不通,测量摄像机电源适配器输出电压,数值为 0 或低于正常数值,测量电源适配器输入电压数值正常,判断电源适配器故障。

故障处理:更换电源适配器。

注意事项:

(1)登高时,应有专人防护;安全带须正确穿戴,并经检查后方可开始登高作业;上下梯子时,要面向梯子,手把牢靠,脚踏稳准;安全带高挂低用,挂在可靠位置,严禁安全带打结使用,注意防止摆动碰撞。

(2)测量电压时,应使用万用表正确的挡位。

(3)测量时禁止触碰裸露金属部分。

案例 2:摄像机电源适配器功率不匹配

故障现象:视频监控平台上某点位显示取流不连续。

故障分析:通过监控终端使用 PING 网络命令检查摄像机的网络连通性,发现丢包现象;使用光功率计分段测量光路,摄像机侧尾纤光功率正常;测量摄像机电源适配器输入电压和输出电压正常,输出电流偏低,核对电源适配器功率发现不匹配。

故障处理:更换摄像机电源适配器。

注意事项:

(1)测量电压时,应使用万用表正确的挡位;

(2)测量时禁止触碰裸露金属部分。

案例 3:摄像机拾音器故障

摄像机拾音器示例如图 73 所示。

图 73　摄像机拾音器

故障现象:监控平台某点位实时画面无声音。

故障分析:排查摄像机拾音器接线正常,判断拾音器故障。

故障处理:更换拾音器。

注意事项:登高时,应有专人防护;安全带须正确穿戴,并经检查后方可开始登高作业;上下梯子时,要面向梯子,手把牢靠,脚踏稳准;安全带高挂低用,挂在可靠位置,严禁安全带打结使用,注意防止摆动碰撞。

案例4:摄像机机芯故障

摄像机机芯示例如图74所示。

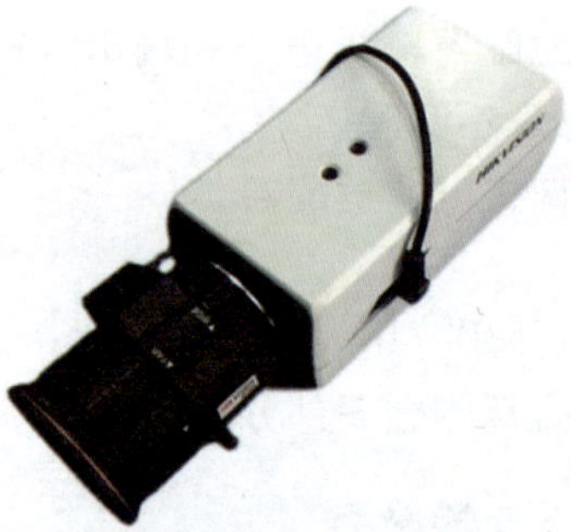

图74　摄像机机芯

故障现象:视频监控平台某点位画面显示黑屏。

故障分析:通过监控终端使用PING网络命令检查摄像机的网络连通性发现不通,测量摄像机电源适配器输出电压,数值符合正常数值;使用视频工程宝测试摄像机机芯,画面显示异常,判断摄像机机芯故障。

故障处理:更换摄像机机芯并配置。

注意事项:

(1)登高时,应有专人防护;安全带须正确穿戴,并经检查后方可开始登高作业;上下梯子时,要面向梯子,手把牢靠,脚踏稳准;安全带高挂低用,挂在可靠位置,严禁安全带打结使用,注意防止摆动碰撞。

(2)测量电压时,应使用万用表正确的挡位。

案例 5:摄像机补光灯故障

摄像机补光灯示例如图 75 所示。

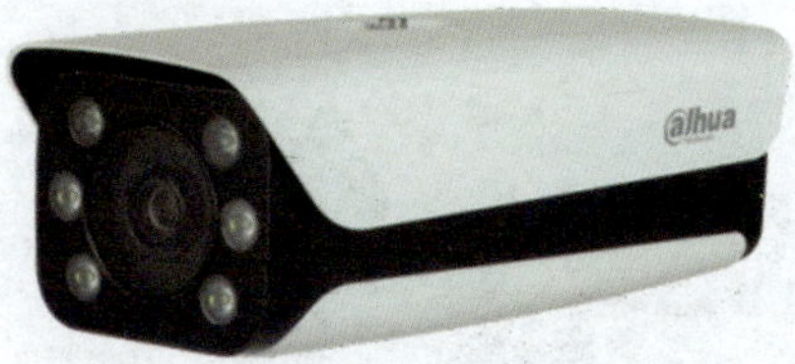

图 75　摄像机补光灯

故障现象:摄像机补光灯闪烁或不亮。

故障分析:测量补光灯电源正常,判断补光灯故障。

故障处理:更换摄像机补光灯。

注意事项:

(1)登高时,应有专人防护;安全带须正确穿戴,并经检查后方可开始登高作业;上下梯子时,要面向梯子,手把牢靠,脚踏稳准;安全带高挂低用,挂在可靠位置,严禁安全带打结使用,注意防止摆动碰撞。

(2)测量电压时,应使用万用表正确的挡位。

案例 6:摄像机镜头故障

故障现象:摄像机画面模糊。

故障分析:摄像机镜头无污物、配置正常,测试镜头无法聚焦,判断镜头故障。

故障处理:更换摄像机镜头并进行调焦。

注意事项:登高时,应有专人防护;安全带须正确穿戴,并经检查后方可开始登高作业;上下梯子时,要面向梯子,手把牢靠,脚踏稳准;安全带高挂低用,挂在可靠位置,严禁安全带打结使用,注意防止摆动碰撞。

案例7：球形摄像机履带故障

球形摄像机履带示例如图76所示。

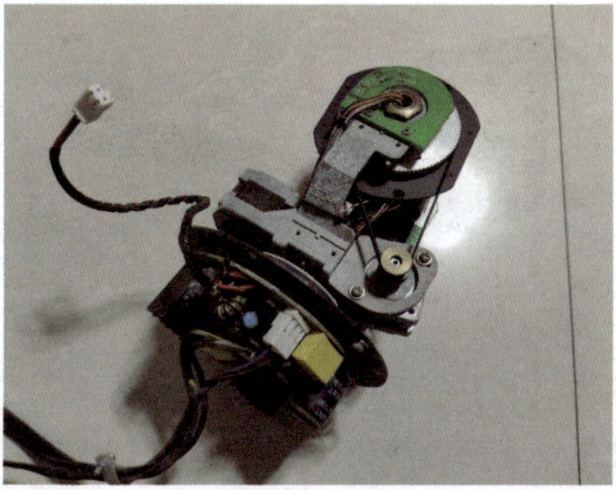

图76　球形摄像机履带

故障现象：云台无法控制球机转动。

故障分析：登录摄像机配置页面，查看云台控制权限配置正常，测试摄像机云台控制无法转动；重启摄像机，故障无法恢复，判断球机履带故障。

故障处理：更换摄像机履带。

注意事项：登高时，应有专人防护；安全带须正确穿戴，并经检查后方可开始登高作业；上下梯子时，要面向梯子，手把牢靠，脚踏稳准；安全带高挂低用，挂在可靠位置，严禁安全带打结使用，注意防止摆动碰撞。

二、线路类故障（6例）

案例1：摄像机光模块或尾纤故障

摄像机光模块示例如图77所示。

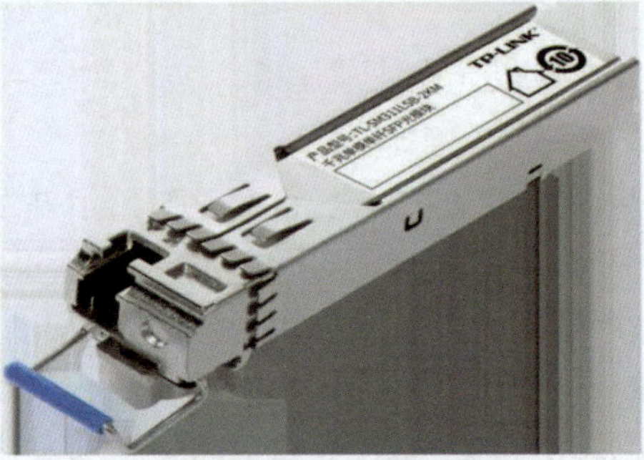

图 77 摄像机光模块

故障现象:视频监控平台上某点位显示取流失败。

故障分析:通过监控终端使用 PING 网络命令检查摄像机的网络连通性发现不通,测量摄像机电源适配器输出电压,数值符合正常数值;使用光功率计分段测量光路,发现摄像机侧尾纤光功率小于正常数值,判断摄像机光模块或尾纤故障。

故障处理:更换摄像机光模块或尾纤。

注意事项:

(1)登高时,应有专人防护;安全带须正确穿戴,并经检查后方可开始登高作业;上下梯子时,要面向梯子,手把牢靠,脚踏稳准;安全带高挂低用,挂在可靠位置,严禁安全带打结使用,注意防止摆动碰撞。

(2)测量电压时,应使用万用表正确的挡位。

(3)故障处理过程中,切勿直视光口或将尾纤对准眼睛。

(4)排查线路故障时,避开其他线缆,以免造成故障范围扩大。

案例 2:交换机侧光模块或尾纤故障

故障现象:某路摄像机无法在视频监控子系统上取流失败。

故障分析:通过监控终端使用 PING 网络命令检查摄像机的网络连通性发现不通,测量摄像机电源适配器输出电压,数值符合正常数值;使用光功率计分段测量光路,发现交换机侧光功率小于正常数值,判断交换机光模块或尾纤故障。

故障处理:更换交换机光模块或尾纤。

注意事项:

(1)登高时,应有专人防护;安全带须正确穿戴,并经检查后方可开始登高作业;上下梯子时,要面向梯子,手把牢靠,脚踏稳准;安全带高挂低用,挂在可靠位置,严禁安全带打结使用,注意防止摆动碰撞。

(2)测量电压时,应使用万用表正确的挡位。

(3)故障处理过程中,切勿直视光口或将尾纤对准眼睛。

(4)排查线路故障时,避开其他线缆,以免造成故障范围扩大。

案例 3:摄像机网线(含端子)故障

故障现象:视频监控平台上某点位显示取流失败。

故障分析:通过监控终端使用 PING 网络命令检查摄像机的网络连通性发现不通,测量摄像机电源适配器输出电压,数值符合正常数值;使用寻线仪测试网线链路,发现网线中断或线序指示灯异常,判断网线损坏或 RJ-45 端子故障。

故障处理:更换网线或重新制作 RJ-45 端子。

注意事项:

(1)登高时,应有专人防护;安全带须正确穿戴,并经检查后方可开始登高作业;上下梯子时,要面向梯子,手把牢靠,脚踏稳准;安全带高挂低用,挂在可靠位置,严禁安全带打结使用,注意防止摆动碰撞。

(2)测量电压时,应使用万用表正确的挡位。

(3)排查线路故障时,避开其他线缆,以免造成故障范围扩大。

案例 4:摄像机 ODF 柜内法兰头或尾纤故障

故障现象:视频监控平台上某点位显示取流失败。

故障分析:通过监控终端使用 PING 网络命令检查摄像机的网络连通性发现不通,测量摄像机电源适配器输出电压,数值符合正常数值;使用光功率计分段测量光路，发现 ODF 机柜侧光功率小于正常数值，判断 ODF 内法兰头或尾纤故障。

故障处理：更换 ODF 内法兰头或尾纤。

注意事项：

(1)登高时，应有专人防护；安全带须正确穿戴，并经检查后方可开始登高作业；上下梯子时，要面向梯子，手把牢靠，脚踏稳准；安全带高挂低用，挂在可靠位置，严禁安全带打结使用，注意防止摆动碰撞。

(2)测量电压时，应使用万用表正确的挡位。

(3)故障处理过程中，切勿直视光口或将尾纤对准眼睛。

(4)排查线路故障时，避开其他线缆，以免造成故障范围扩大。

案例 5：摄像机电源短路故障

故障现象：视频监控平台上某区域点位显示取流失败。

故障分析：查看摄像机配电箱，发现空气开关落下，尝试推送无法正常闭合，判断为下级电源线短路。

故障处理：按 1/2 终端位置断开电源适配器，若依然短路，则为近端故障；若短路消除，则为远端故障。故障方向继续按 1/2 原则重复递进排查，直至找到短路位置。

注意事项：

(1)登高时，应有专人防护；安全带须正确穿戴，并经检查后方可开始登高作业；上下梯子时，要面向梯子，手把牢靠，脚踏稳准；安全带高挂低用，挂在可靠位置，严禁安全带打结使用，注意防止摆动碰撞。

(2)测量电压时，应使用万用表正确的挡位。

(3)测量时禁止触碰裸露金属部分。

(4)排查线路故障时，避开其他线缆，以免造成故障范围扩大。

案例 6：摄像机 POE 交换机故障

POE 交换机示例如图 78 所示。

图 78 POE 交换机

故障现象：视频监控平台上某区域摄像机全部离线。

故障分析：该区域内摄像机为 POE 供电，排查分线箱 POE 光路、电路均正常，POE 无法启用，判断 POE 交换机故障。

故障处理：更换 POE 交换机并配置。

注意事项：

(1)测量电压时，应使用万用表正确的挡位。

(2)故障处理过程中，切勿直视光口或将尾纤对准眼睛。

(3)排查线路故障时，避开其他线缆，以免造成故障范围扩大。

三、板卡类故障(4 例)

案例 1：视频交换机业务板故障

故障现象：部分摄像机在视频监控子系统上取流失败。

故障分析：排查该区域摄像机电源配电箱空开状态，并测量输出电压数值，均正常。查看交换机业务板指示灯异常，判断业务板故障。

故障处理：更换交换机业务板(非同型号业务板须重新配置数据)。

注意事项：

(1)更换同型号或兼容视频交换机的业务板；

(2)拔插板卡前应佩戴静电手环，静电手环与接地点接触牢靠；

(3)注意网络安全风险，使用专用维护终端，防止 IP 冲突。

案例 2：车站视频服务器故障

车站视频服务器示例如图 79 所示。

图 79　车站视频服务器

故障现象：中央无法查看某站所有摄像机视频。

故障分析：查看车站视频服务器指示灯异常，重启服务器后未恢复，判断视频服务器故障。

故障处理：更换视频服务器或故障部件。

注意事项：

（1）拔插板卡前应佩戴静电手环，静电手环与接地点接触牢靠；

（2）重装系统注意网络安全风险，使用专用维护终端，防止 IP 冲突。

案例 3：存储硬盘故障

存储硬盘故障告警示例如图 80 所示。

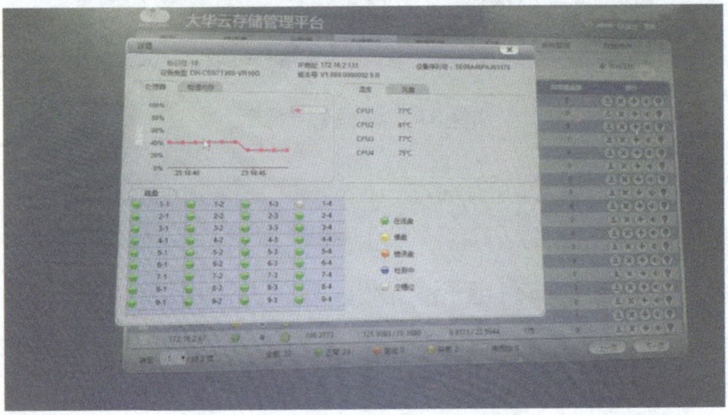

图 80　存储硬盘故障告警

故障现象:硬盘告警。

故障分析:登录存储管理平台,发现硬盘告警。现场查看发现硬盘指示灯异常,重新拔插该槽位硬盘后,故障未恢复,判断存储硬盘故障。

故障处理:更换故障硬盘并配置。

注意事项:

(1)拔插硬盘前应佩戴静电手环,静电手环与接地点接触牢靠;

(2)更换硬盘备件时,核对硬盘接口类型与原硬盘一致。

案例 4:解码器故障

解码器内部示例如图 81 所示。

图 81　解码器内部

故障现象:LCD 屏电源指示灯正常,但无视频监控画面。

故障分析:排查 LCD 屏幕信号源设置正常,查看解码器指亮灯异常,进一步测量 LCD 屏解码器电路、光路,数值均满足正常值。重启解码器后,故障未恢复,判断解码器故障。

故障处理:更换解码器。

四、软件类故障(9例)

案例1:摄像机录像配置异常

故障现象:视频监控平台某点位无法播放回放录像。

故障分析:登录平台查看该摄像机实时图像正常;登录视频监控平台查看录像配置,发现录像配置异常。

故障处理:重新配置并下发。

案例2:摄像机软件故障

故障现象:视频监控平台上某点位显示卡顿。

故障分析:通过监控终端使用PING网络命令检查摄像机的网络连通性正常,测量摄像机电源适配器输出电压,数值符合正常数值;使用光功率计分段测量光路,摄像机侧尾纤光功率正常;使用视频工程宝测试摄像机机芯,画面显示卡顿,判断摄像机软件卡死。

故障处理:重启摄像机,如重启不恢复则更换摄像机并配置。

注意事项:

(1)登高时,应有专人防护;安全带须正确穿戴,并经检查后方可开始登高作业;上下梯子时,要面向梯子,手把牢靠,脚踏稳准;安全带高挂低用,挂在可靠位置,严禁安全带打结使用,注意防止摆动碰撞。

(2)测量电压时,应使用万用表正确的挡位。

(3)故障处理过程中,切勿直视光口或将尾纤对准眼睛。

案例3:视频监控子系统与综合监控系统接口程序故障

故障现象:车站综合监控平台无法查看本站所有摄像机视频。

故障分析:排查车站视频监控子系统与综合监控系统接口服务器网络链路正常,判断视频监控子系统与综合监控接口服务器程序故障。

故障处理:重启视频监控子系统与综合监控系统接口程序,如重启不恢复则重装程序。

注意事项：

(1)注意网络安全风险，使用专用维护终端，防止 IP 冲突；

(2)拔插板卡前应佩戴静电手环，静电手环与接地点接触牢靠。

案例 4：视频监控客户端软件登录 IP 地址设置错误

故障现象：车站视频监控客户端无法正常登录监控平台。

故障分析：通过监控终端使用 PING 网络命令检查服务器的网络连通性正常，查看客户端软件登录界面，发现登录的视频监控服务器 IP 地址设置错误。

故障处理：重新设置客户端软件登录 IP 地址。

注意事项：重装程序注意网络安全风险，使用专用维护终端，防止 IP 冲突。

案例 5：摄像机 NTP 服务器地址设置错误

摄像机 NTP 服务器地址设置示例如图 82 所示。

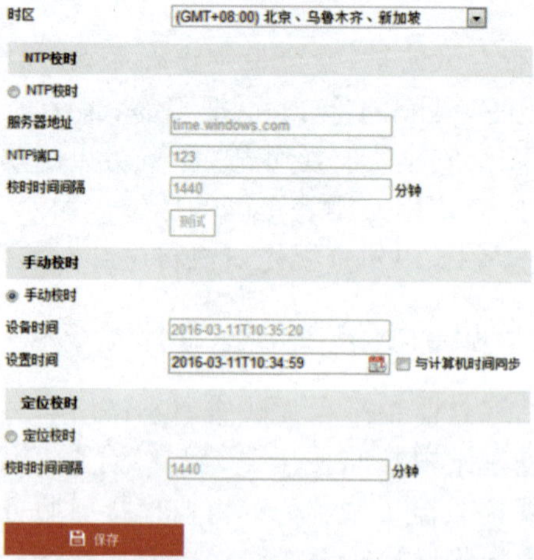

图 82　摄像机 NTP 服务器地址设置

故障现象:车站视频监控平台上某路摄像机实时时间偏差。

故障分析:登录该路摄像机,检查 NTP 服务器参数设置,发现 NTP 服务器地址错误。

故障处理:重新勾选摄像机 NTP 服务,并设置 NTP 服务器地址。

案例 6:车站监控终端缓存余量不足故障

故障现象:监控终端操作卡顿,CPU 占用率过高。

故障分析:排查监控终端网络链路正常;排查监控终端 CPU 占用率过高,判断为监控终端长期运行内存未释放,导致缓存余量不足。

故障处理:重启监控终端,释放缓存。

案例 7:监控平台拼接屏参数设置异常

故障现象:监控视频画面无法投放到拼接屏。

故障分析:登录视频监控平台,查看拼接屏上墙权限配置正常,上墙预案创建正常,查看监控平台参数设置不符合规范,判断监控平台参数设置错误。

故障处理:重新配置监控平台参数。

案例 8:新增摄像机网络配置异常

故障现象:视频监控平台上新增点位显示取流失败。

故障分析:通过监控终端使用 PING 网络命令检查摄像机的网络连通性发现不通,测量摄像机电源适配器输出电压,数值符合正常数值;使用光功率计分段测量光路,摄像机侧尾纤光功率正常;使用视频工程宝测试摄像机机芯,画面显示正常;重启摄像机,故障未恢复;登录摄像机配置页面,查看摄像机网络配置,参数不符合规范,判断配置参数错误。

故障处理:核对摄像机 IP、子网掩码、网关参数,对错误参数进行更正。

注意事项:

(1)登高时,应有专人防护;安全带须正确穿戴,并经检查后方可开始登高作业；上下梯子时，要面向梯子，手把牢靠，脚踏稳准；安全带高挂低用，挂在可靠位置，严禁安全带打结使用，注意防止摆动碰撞。

(2)测量电压时，应使用万用表正确的挡位。

案例9：新增摄像机存储故障

故障现象：摄像机存储显示未连接。

故障分析：登录平台查看摄像机实时图像正常；登录存储服务器发现该摄像机存储显示未连接、未分配、未转发。判断摄像机与存储平台ONVIF(开放型网络视频接口)账户密码错误。

故障处理：重新设置摄像机与存储平台ONVIF账户密码。

五、其他类故障(1例)

案例1：视频监控子系统失电故障

故障现象：网管软件告警界面显示视频监控子系统离线。

故障分析：检查机房视频监控机柜设备均掉电；查看视频监控机柜输入空开，发现跳闸，判断为线路故障或空开故障。

故障处理：检查供电线路，如线路无异常则试推空开；如试推未恢复则更换空开。

注意事项：

(1)测量电压时，应使用万用表正确的挡位；

(2)测量时禁止触碰裸露金属部分。

第十一部分　公务电话子系统

一、终端类故障(3 例)

案例 1:话机故障

故障现象:话机通话时杂音大,通话质量差。

故障分析:使用测试话机通话清晰无杂音,判断为话机故障。

故障处理:更换故障话机。

案例 2:网管服务器硬盘故障

故障现象:公务电话子系统网管客户端离线,无法操作。

故障分析:使用 PING 网络命令检查网管工作站与网管服务器的网络连通性发现不通;检查网管工作站与网管服务器网线正常;检查发现网管服务器运行异常,重启网管服务器,开机过程中服务器硬盘指示灯异常,可以正常加载 BIOS,但无法加载操作系统,判断为网管服务器硬盘故障。

故障处理:更换网管服务器故障硬盘并恢复数据。

注意事项:

(1)在更换硬盘备件时,须核对硬盘参数符合服务器要求;

(2)更换硬盘时应佩戴静电手环,静电手环与接地点接触牢靠。

案例 3:出局软交换服务器硬盘故障

软交换服务器示例如图 83 所示。

图 83　软交换服务器

(远东通信 AcroSwitch S6000 软交换服务器)

故障现象:全线话机拨打市话或部分线路公务电话时提示忙音或无法接通,拨打内线电话正常。

故障分析:通过网管检查显示软交换链路离线告警;使用 PING 网络命令检查网管工作站与软交换服务器的网络连通性,发现不通;网管工作站与软交换服务器网线正常;检查发现软交换服务器运行异常,重启软交换服务器无法正常开机,开机过程中软交换服务器硬盘指示灯异常,可以正常加载 BIOS,但无法加载操作系统,判断为软交换服务器硬盘故障。

故障处理:更换故障硬盘,并恢复数据。

注意事项:

(1)更换硬盘备件时,须核对硬盘接口类型与原硬盘一致;

(2)更换硬盘时应佩戴静电手环,静电手环与接地点接触牢靠。

二、线路类故障(9 例)

案例 1:VDF 跳线故障

VDF 科隆排及跳线接头示例如图 84 所示。

图 84　VDF 科隆排及跳线接头

故障现象：话机摘机无拨号音，按键无反应，无法拨打电话。

故障分析：使用测试话机分段测试该话机 RJ-11（6P4C）端子、语音信息面板、电话分线箱处均无信号；VDF 用户侧（外线侧）无信号，电话交换机侧（内线侧）有信号，判断为 VDF 跳线故障。

故障处理：对该路电话跳线重新卡接或更换。

注意事项：排查线路故障时，避开其他线缆，以免造成故障范围扩大。

案例 2：电话线（含 RJ-11 端子）故障

故障现象：话机摘机无拨号音，按键无反应，无法拨打电话。

故障分析：现场排查话机 LED 界面显示正常，使用测试话机测试该路话机语音信息点异常；使用寻线仪对该分机电话线进行对线测试，发现电话线不通，判断为该话机线（含端子）故障。

故障处理：更换故障话机线或重新制作 RJ-11 端子。

注意事项：排查线路故障时，避开其他线缆，以免造成故障范围扩大。

案例 3:话柄线(含 RJ-11 端子)故障

故障现象:话机有信号,摘机听筒无声音,免提能正常通话使用。

故障分析:现场排查话机 LED 界面显示正常,使用测试话机测试该路话机语音信息点正常;使用寻线仪对该分机话柄电话线进行对线测试,发现电话线不通,判断为该话机话柄电话线(含端子)故障。

故障处理:更换话柄电话线或重新制作 RJ-11 端子。

案例 4:语音信息面板故障

故障现象:话机摘机无拨号音,按键无反应,无法拨打电话。

故障分析:使用测试话机依次测试该话机 RJ-11(6P4C)端子、语音信息面板处均无信号;测试电话分线箱处信号正常;进一步对分线箱至语音信息面板线路排查,将信息面板 RJ-11 语音模块对应的电话线路拆下,使用测试话机测试对应线路信号正常,判断为语音信息面板故障。

故障处理:重新卡接或更换语音信息面板。

注意事项:

(1)在接线时,要确保接头牢固,避免再次断线;

(2)排查线路故障时,避开其他线缆,以免造成故障范围扩大。

案例 5:交换机中继线(含 2M 接头)故障

故障现象:某车站所有话机无法拨打其他车站电话,但本站通话正常。

故障分析:通过网管检查对应车站交换机状态,确认交换机中继板存在告警,现场检查交换机中继板状态指示灯异常;在 DDF 对交换机侧 2M 中继线进行自环后,交换机中继板状态指示灯仍然异常。使用万用表检查交换机 2M 中继线(含 2M 接头)连接存在断路,判断中继线路或 2M 接头故障。

故障处理:更换中继线或重新制作 2M 接头。

注意事项：排查线路故障时，避开其他线缆，以免造成故障范围扩大。

案例 6：VDF“鸳鸯线”故障

故障现象：话机在通话时频繁出现单通（即只能听到对方声音，或只能被对方听到）、通话质量差、杂音大或无法通话，在高峰时段更为严重。

故障分析：使用测试话机在 VDF 架交换机侧和用户侧分别进行通话测试，发现故障在用户侧复现；对存在问题的用户侧线缆进行详细检查，包括线路连接、接头状态等，经确认为 VDF 用户侧线缆线序存在“鸳鸯线”连接情况。

“鸳鸯线”：在音频系统中，多组中继电缆相互交叉，没有正确连接，即形成“鸳鸯线”。例如，正常情况下，A 收、A 发是一对线，B 收、B 发是一对线，如果接成了 A 收、B 发，或 B 收、A 发为一对线，即为“鸳鸯线”。

“鸳鸯线”影响：“鸳鸯线”会导致通话双方无法正确传输声音信号，出现单通、通话质量差、杂音大或无法通话等问题。

故障处理：对用户侧 VDF 接线正确接线。

注意事项：

（1）VDF 接线务必准确标识线路，以便后续维护和管理。可以使用标签、颜色编码等方式进行标识；

（2）重新接线后，应进行全面的测试，确保所有系统的通话质量都恢复正常；

（3）排查线路故障时，避开其他线缆，以免造成故障范围扩大。

案例 7：保安单元故障

故障现象：话机摘机无拨号音，按键无反应，无法拨打电话。

故障分析：使用测试话机依次测试分机 RJ-11（6P4C）端子、语音信息面板、电话分线箱处均无信号，至 VDF 用户侧（外线侧）有信号，使用万用表测试电话分线箱至 VDF 线路正常，无断路、短路现象，判断该路话机保安单元故障。

故障处理:更换故障保安单元。

注意事项:排查线路故障时,避开其他线缆,以免造成故障范围扩大。

案例 8:网管工作站网线故障

故障现象:网管客户端离线,无法操作。

故障分析:尝试重新登录网管工作站客户端,发现登录失败;使用PING网络命令检查网管工作站与网管服务器的网络连通性,发现不通;检查网管工作站网卡连接显示网络线缆被拔出,重新拔插网管工作站网线RJ-45端子故障未恢复;使用寻线仪对网管工作站网线进行对线测试,显示网线连通异常,判断网管工作站网线故障。

故障处理:更换故障网线。

注意事项:排查线路故障时,避开其他线缆,以免造成故障范围扩大。

案例 9:出局(市话业务)线路故障(中兴信息ZXD1000型程控交换机)

核心交换机中继板示例如图85所示;2M中继线示例如图86所示。

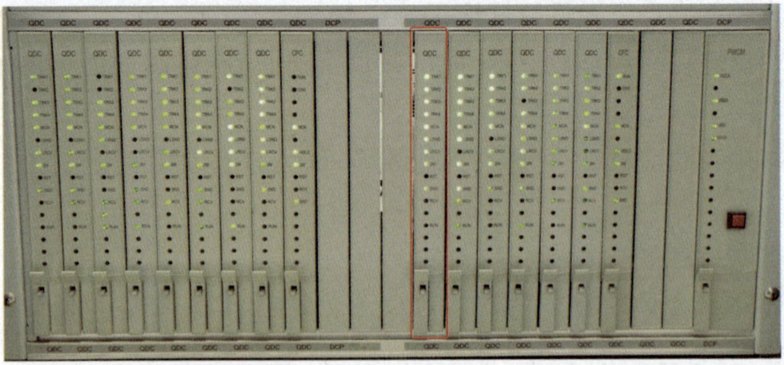

图85　中兴信息ZXD1000型程控核心交换机QDC中继板

图 86　2M 中继线

故障现象：全线话机拨打市话时提示忙音或无法接通，拨打内线电话正常。

故障分析：通过网管及现场检查公务电话核心交换机对应市话业务出局的 QDC 中继板，发现板卡存在告警；通过在 DDF 对核心交换机侧 2M 中继线进行自环后，交换机中继板状态指示灯仍然异常。使用万用表检查交换机 2M 中继线（含 2M 接头）连接存在断路，通过排查对应中继线缆，判断中继线缆存在破损。

故障处理：更换故障 2M 中继线缆。

注意事项：排查线路故障时，应避开其他线缆，以免造成故障范围扩大。

三、板卡类故障（7 例）

案例 1：控制中心中继网关主控板故障

故障现象：无法拨打其他线路及外部号码，但线路内通话正常。

故障分析：检查中继网关状态指示灯异常；在 DDF 对中继网关侧中继线进行自环后，主控板状态指示灯异常；使用万用表检查中继线路（含 2M 接头）连接正常，无断路或短路情况，重启中继网关后主控板状态指示灯仍异常，判断为中继网关主控板故障。

故障处理：更换中继网关主控板。

注意事项：

(1)更换主控板时，应确保新板与中继网关兼容，并正确安装；

(2)更换板卡前应佩戴静电手环，静电手环与接地点接触牢靠；

(3)线路处理过程中，应避免对其他正常线路造成影响。

案例 2：交换机信令板故障

中兴信息 ZXD1000 型程控交换机 VSC 信令板如图 87 所示。

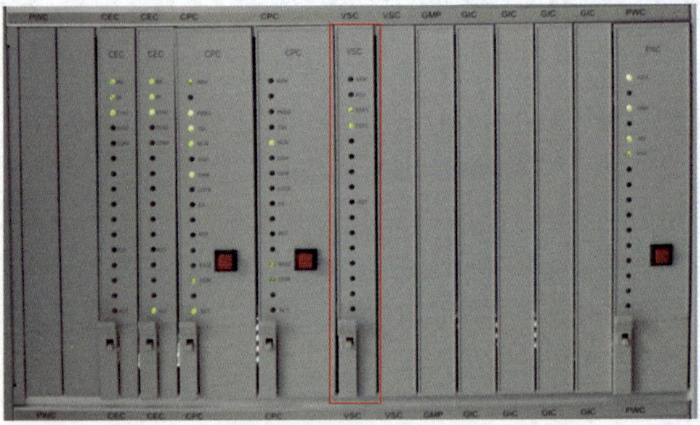

图 87　中兴信息 ZXD1000 型程控交换机 VSC 信令板

故障现象：某车站所有公务话机摘机后无铃流声，无法拨打及接听电话。

故障分析：通过网管查看对应车站交换机状态，确认信令板存在告警，现场检查交换机信令板指示灯状态存在异常，拔插信令板故障未恢复，判断为信令板故障。

故障处理：更换故障信令板。

注意事项：

(1)更换或拔插交换机板卡应佩戴静电手环，静电手环应与接地点接触牢靠；

(2)更换交换机信令板时，应确保新板与旧板兼容，并正确安装。

案例 3：交换机电源板故障

PWCM 电源板示例如图 88 所示。

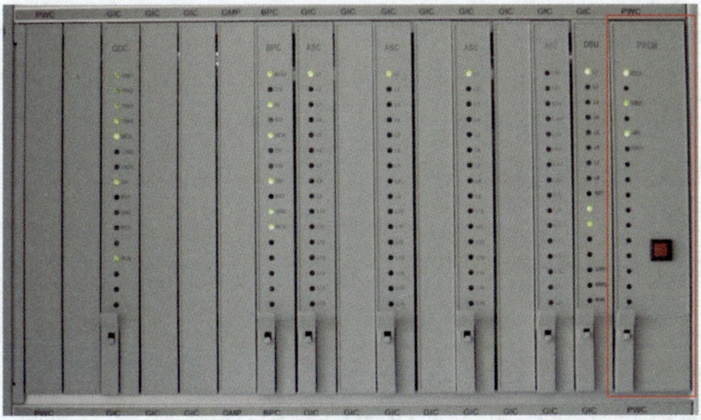

图88　中兴信息 ZXD1000 型程控交换机 PWCM 电源板

故障现象：交换机电源板指示灯异常，设备工作不稳定，通话频繁中断。

故障分析：通过网管检查对应车站交换机状态，确认 PWCM 电源板存在告警，现场检查交换机电源板确认板卡指示灯异常，拔插交换机电源板故障未恢复，使用万用表检查电源板输入电压正常；检查电源线未发现损坏或松动；判断为交换机电源板故障。

故障处理：更换故障电源板。

注意事项：

(1)更换或拔插交换机板卡应佩戴静电手环，静电手环应与接地点接触牢靠；

(2)测量电压时，应使用万用表正确的挡位；

(3)测量时禁止触碰裸露金属部分；

(4)线路处理过程中，应避免对其他正常线路造成影响；

(5)更换交换机电源板时，应确保新板与旧板兼容，并正确安装。

案例 4：交换机背板故障

故障现象：交换机下挂话机通话功能异常，交换机板卡指示灯异常。

故障分析：通过网管检查对应车站交换机状态，确认交换机处于离线状态，现场使用万用表检查交换机电源输入电压正常；检查交换机电源板指示灯。确认板卡工作正常；检查交换机单个子框各业务板卡指示灯均异常，判断为交换机背板损坏。

故障处理：更换交换机背板。

注意事项：

(1)更换交换机背板时，应确保新背板与交换机其他板卡兼容，并正确安装；

(2)在更换背板前，备份好交换机配置；

(3)更换或拔插交换机板卡应佩戴静电手环，静电手环应与接地点接触牢靠；

(4)测量电压时，应使用万用表正确的挡位；

(5)测量时禁止触碰裸露金属部分；

(6)线路处理过程中，应避免对其他正常线路造成影响。

案例 5：交换机主控板/主处理器板故障

CPC 主控板/主处理器板示例如图 89 所示。

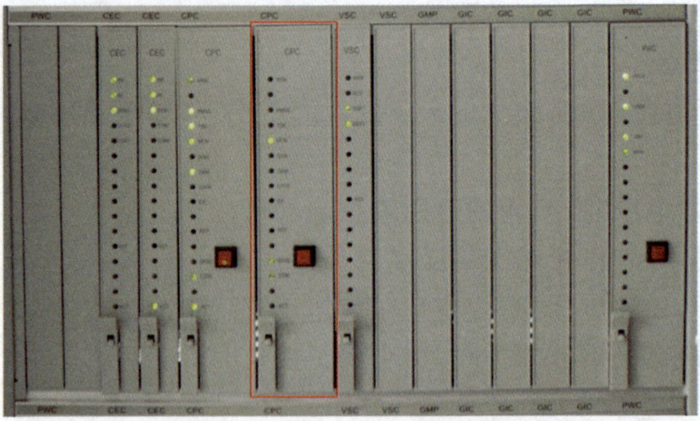

图 89　中兴信息 ZXD1000 型程控交换机 CPC 主控板/主处理器板

故障现象：某车站所有话机无法正常使用。

故障分析：通过网管检查对应车站交换机状态，确认交换机主控板/主处理器板存在告警，现场检查交换机各板卡发现交换机主控板/主处理器板指示灯状态异常，拔插主控板/主处理器板故障未恢复，使用万用表检查交换机电源输入电压正常；检查交换机电源板指示灯状态正常；判断为主控板/主处理器板故障。

故障处理：更换故障主控板/主处理器板，并恢复系统配置数据。

注意事项：

（1）更换或拔插交换机板卡应佩戴静电手环，静电手环应与接地点接触牢靠；

（2）更换主控板/主处理器板时，应确保新板与旧板兼容，正确安装，并备份好现有配置；

（3）测量电压时，应使用万用表正确的挡位；

（4）测量时禁止触碰裸露金属部分；

（5）线路处理过程中，应避免对其他正常线路造成影响。

案例 6：交换机用户板故障

ASC 用户板如图 90 所示。

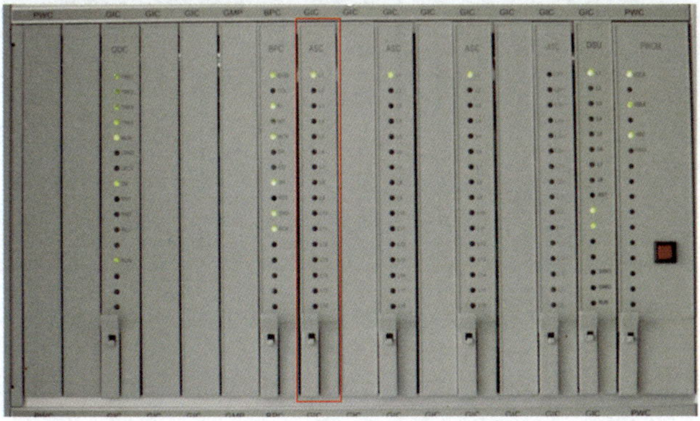

图 90 中兴信息 ZXD1000 型程控交换机 ASC 用户板

故障现象：某车站话机部分可正常使用，部分不能进行正常通话。

故障分析：检查话机及线路无问题；通过网管检查对应车站交换机状态，确认交换机用户板存在告警，现场检查交换机主控板/主处理器板的指示灯状态正常；通过电话台账检查故障话机业务均挂载在同一块用户板上，拔插该用户板故障未恢复，判断为该用户板故障。

故障处理：更换故障用户板。

注意事项：

(1)更换或拔插交换机板卡应佩戴静电手环，静电手环应与接地点接触牢靠；

(2)更换交换机用户板时，应确保新板与交换机兼容，并正确安装；

(3)线路处理过程中，应避免对其他正常线路造成影响。

案例 7：交换机中继板故障

QDC 中继板如图 91 所示。

图 91　中兴信息 ZXD1000 型程控交换机 QDC 中继板

故障现象：某车站所有话机无法拨打其他车站电话，但本站通话正常。

故障分析：通过网管检查对应车站交换机状态，确认交换机中继板存在告警，现场检查交换机中继板状态指示灯异常；拔插中继板故障未恢复，在DDF对交换机侧中继线进行自环后，交换机中继板状态指示灯依旧异常；使用万用表检查2M中继线（含2M接头）正常，无断路或短路情况，判断为交换机中继板故障。

故障处理：更换故障中继板。

注意事项：

（1）更换交换机中继板时，应确保新板与交换机兼容，并正确安装；

（2）更换或拔插交换机板卡应佩戴静电手环，静电手环应与接地点接触牢靠；

（3）线路处理过程中，应避免对其他正常线路造成影响。

四、软件类故障（2例）

案例1：话机音量设置故障

故障现象：话机通话时声音小或声音大。

故障分析：使用测试话机连接该话机RJ-11(6P4C)端子，通话测试声音正常，判断为话机音量设置问题。

故障处理：将话机音量调整为正常范围。

案例2：号码权限配置故障

故障现象：话机拨打市话时提示忙音或无法接通，拨打内线电话正常。

故障分析：使用其他话机测试市话通话功能正常，通过网管检查该话机号码配置，发现市话权限未开放，判断为话机权限配置错误。

故障处理：通过网管配置对应号码的市话权限。

注意事项：在检查权限设置时，应确保操作配置号码正确。